JN115254

人生を羽ばたいた〝トラママ〟

三淵嘉子の生涯

佐賀 千恵美［著］

内外出版社

はじめに

２０２４年春スタートの連続テレビ小説『虎に翼』のヒロインのモデルに、三淵嘉子(よしこ)が選ばれました。三淵嘉子は昭和15年（１９４０年）、中田正子、久米愛とともに、日本で初めて弁護士になった女性の一人です。女性には選挙権すらなかった時代のことでした。

当時はまだ女性は弁護士にしかなれず、裁判官や検事には任官できなかったのですが、戦後、三淵嘉子は裁判官になり、女性で初めての裁判所長にもなりました。

私は、この3人のドキュメンタリーとして、平成3年（１９９１年）に『華やぐ女たち 女性法曹のあけぼの』を出版しました。それまでは、日本の女性法曹の草分けについて、女性法曹の後輩である私も含め一般にはほとんど知られていませんでした。今から30年以上前に私がこの3人のことを知ったのも、偶然のきっかけからでした。

私は司法試験に合格して司法修習を終えた後、昭和55年（１９８０年）から1年間、東京地検の検事をしていました。そのころ、女性検事はまだ少なく、検事の仕事にやりがいを感じていたものの、裁判官と結婚することになり、検事を辞め、２人の子を出産しました。

その後、昭和60年（１９８５年）、ある縁で、これから法律家になろうとする女性のための原稿を頼まれました。そして、出版社の人から「いつごろですか？　日本に女性の弁護士や裁判官が生まれたのは」と尋ねられたのですが、私はその問いに答えられなかったのです。

第二次世界大戦後だろうかと思いながら、女性法曹のルーツを調べはじめたところ、戦前にこの３人が弁護士になっていたことを知りました。

そして、日本の女性法曹の草分けについてのまとまった本が出されていないことに気づき、私は〝自分が残さなければ〟と思い立ったのです。〝今、資料を掘り起こしておき、存命中の身内の方の話も聞いておかなければ、年月とともに、この３人のことが忘れ去られてしまう〟と。

取材を始めたころの私は、3歳と1歳の子を育てていました。子どもが3歳になるまでは、母親が手元で育てるほうが安定するともいわれていたので、私は検事を辞めたあと職に就かず、家事と育児に専念していました。下の子が3歳になったら弁護士の仕事をやろうと思いながら、離乳食は手作りにし、梅干しやぬか漬けも自分で漬けていました。

そんなころ、3人の女性が戦前に弁護士になっていたことを知ったのは、大きな驚きでした。法律自体が男尊女卑だったころのことです。彼女たちは何を考え、どう乗り越えてきたのか。

まだお元気だった身内の方々や、たった一人生存しておられた中田正子の話を聞きに、鳥取まで出向いたりしました。

30年以上前のその時点では話を聞くことができた方々も、今ではそのほとんどが亡くなっています。幼い子どもを抱えてのインタビューや執筆作業は大変ではありましたが、あのときやっておいて良かったと、今、心から思います。

手探りで取材をしたあのころのことを思い出すと、三淵嘉子をモデルとする朝の連続テレビ小説によって、女性法曹の黎明期に多くの人の関心が向けられることは、隔世の感があります。

令和5年（2023年）にインターネットで公開されたドラマの「制作のお知らせ」によると、題の『虎に翼』というのは、中国の法家・韓非子（かんぴし）の言葉で、「鬼に金棒」と同様の意味だとか。

そして、「実在の人物である三淵嘉子さんをモデルとしますが、激動の時代を生きた一人の女性法曹とその仲間たちの波瀾万丈の物語として大胆に再構成します。登場人物名や団体名などは一部改称して、フィクションとして描きます。原作はありません。」とも。確かに「ドラマ」なので、事実をベースとしながらもフィクションであり、実在しなかった人物も物語の一部に登場したりするのでしょう。

本書では、私が取材したことや残された資料などをもとに、ノンフィクションの物語として、できる限り実像に近い三淵嘉子を描きたいと思います。

【目次】

第2章　人とは違う学生時代
――反対にもめげず、明治大学へ進学　31

第6章 母として、働く女性として
――法を司る裁判官の責任を自覚

目次

装丁・本文ＤＴＰ　亀井英子
編集協力　小田切英史
校正　滄流社

第１章

嘉子誕生

――賢く活発な少女

誕生の地はシンガポール

「シンガポール（新嘉坡）で生まれたから、この子は『嘉子』と名づけよう」

「いい名前ですね。きっとこの子は幸せになりますわ」

後に日本初の女性裁判所長となる三淵嘉子（旧姓・武藤嘉子）がこの世に誕生したとき、彼女の父母はきっとこんな会話を交わしたことでしょう。


大正3年11月13日、嘉子は、台湾銀行に勤めていた父・貞雄が母・ノブと結婚した直後に赴任したシンガポールで生まれました。南の異国で甘く楽しい新婚生活を送った両親の愛の結晶として誕生したのが、第一子となる嘉子です。

夫妻にとって初めて新居を築いた思い入れの深い地・シンガポール（新嘉坡）にちなんだ名を娘につけたことからも、嘉子への限りない愛情と、今後の家族生活への希望がうかがえます。

奇しくもこの年、世界では第一次世界大戦が開戦しましたが、武藤の家は幸せに包まれていました。

とくに母・ノブにとって父・貞雄とのシンガポールでの生活は、生まれて初めて愛と自由を満喫できた日々でした。「シンガポール」という言葉は幸せの象徴であったことでしょう。

というのも、独身時代のノブは、自由や幸せとは程遠い苦しい暮らしを送っていたのです。

嘉子の母・ノブの人生

母のノブは明治25年、６人姉妹の末っ子として生まれました。幼いころに実父の宇野伝三郎が亡くなったために、子どものいない伯父の武藤直言(なおこと)と駒子夫婦に、養女として引き取られました。

四国の丸亀で金貸し業を営んでいた伯父の家は裕福で、たくさんの借家を人に貸していました。自分たちも立派な屋敷に住んで何不自由のない暮らしを送っていましたが、養母となる駒子は、非常にキツい性格でした。

とくに養女のノブには紙一枚、粗末にさせない厳しさで、朝早くから夜遅くまで女中のように働かせました。養女とは名ばかり、体のいい無給の家事手伝いのようなものだったのかもしれません。歯を食いしばって伯父家の家事や雑務をこなし、なんとか女学校は卒業させてもらいました。

しかしもらわれっ子のノブは、親からの愛情を味わうことも、若い娘としての華やかな青春時代とも無縁の、孤独でつらい日々を送っていました。

白馬の王子様、貞雄とともに

そんなノブの転機となったのが、貞雄との結婚です。武藤の姓を残すために、貞雄は直言夫婦の養子となる形でノブと夫婦になりました。

ノブの意思とは一切関係なく、家をもり立ててくれるであろう東京帝大卒のエリートである貞雄との結婚が決まったとき、ノブは当初とても心細い思いをしたことでしょう。

ところが実際に結婚してみると、貞雄は知的で包容力のある男性でした。貞雄との生活を送るうちに、ノブは夫に深い愛情を抱くようになりました。キツくて怖い養母の元から、赴任先のシンガポールへ連れ出してくれた貞雄はまさに救世主。囚われの身の自分を救い出してくれた白馬の王子様に見えたかもしれません。

その後の愛にあふれた新婚生活は、ノブにとってまさに夢のような日々でした。

明治19年生まれの父・貞雄は、母・ノブ同様、香川県の丸亀出身です。

貞雄の実家は代々、丸亀藩の御側医を務めていました。そのため、貞雄は医師になることを期待されていたようです。

貞雄は、地元の丸亀中学から東京の一高へと進み、東京帝大法学部へ。その後は台湾銀行に就職し、シンガポール支店やニューヨーク支店、東京支店をまわった後、台湾銀行の系列会社へ出向しました。

嘉子が生まれた2年後、貞雄はシンガポールからニューヨーク支店への転勤が決まりました。

当時、嘉子の弟である一郎を出産したばかりの母・ノブは、嘉子と一郎を連れて、丸亀の直言夫妻の家で過ごすことになりました。

実家に戻って、再びキツい性格の養母との同居になり、子育てと家の雑事に追い立てられながら過ごしたこの期間、ノブの心境はいかばかりであったでしょうか。

その4年後、貞雄が東京支店に支配人として配属。夫婦の別居生活は終わりを告げ、ノブは嘉子と一郎を連れて夫が待つ東京へ向かいます。家族4人は東京・渋谷区で暮らしはじめました。

チャームポイントはえくぼの賢い少女

大正９年、嘉子は渋谷区穏田（おんでん）の早蕨（さわらび）幼稚園に入園しました。教育熱心で愛情深い両親のもと、利発で活発な少女に育ちました。

父親譲りの丸顔で、両頬のえくぼがチャームポイント。

この魅力は歳を重ねても変わらなかったようで、少女時代や学生のころだけでなく、結婚後や仕事で彼女に関わった多くの人も、嘉子のえくぼができる柔らかな笑顔について書いています。

「まあるいお顔に、可愛らしいえくぼのある優しいお姉さまでした」（明治大学女子部後輩の平林英美）

「頬にえくぼを刻みながら『裁判官の仕事は、世界の掃除人のようなもので決してきれいなものではない。でも、まだまだ挑戦できる分野は広いと思う』と語られた」（嘉子の名古屋での判事時代を知る大脇雅子）

「三淵嘉子さんは、いつも穏やかで、美しく、さわやかなえくぼと素敵な帽子が印象的な方でした」（昭和26、27年当時の嘉子との出会いを語った中谷瑛子）

「可愛い口元からほとばしる彼女の論説は、相当シリアスでありながらそれが少しもぎすぎすせず、和やかに聞こえるのも、彼女の笑顔、えくぼの魅力であった」（昭和34年当時の嘉子について語った九重年支子）

嘉子の下には、一郎に続いて次男の輝彦、三男の晟造（せいぞう）、四男の泰夫が生まれました。嘉子は武藤の家の唯一の娘として、兄弟の姉として、母を助け、弟たちの世話を焼きました。

大正10年、青山師範学校附属小学校に入学。当時から嘉子の頭の回転の速さや、はきはきとした話しぶり、積極的でリーダー資質の高さは抜きん出ていたようです。

そして昭和2年には、お茶の水にある東京女子高等師範学校附属高等女学校（お茶の水女子大学附属高等学校の前身）に入学。入試は20倍を超える難関でしたが、嘉子はなんなく合格しました。

兄弟の中でもずば抜けて優秀な嘉子を見て、母・ノブは「嘉子が男だったら」と漏らすほどだったといいます。

母・ノブは、当時の世間の常識どおり「女の幸せは結婚」と信じて疑わない人でした。そのため、ノブが一流の花嫁切符だと思っていた東京師範学校の附属高等女学校に嘉子が入学できたことを、大いに喜びました。

女性は卒業後、「結婚」という時代

とはいえ、女性である嘉子がその頭の良さを生かして将来職に就くことは、母・ノブには想像できなかったでしょう。

当時、女性は小学校で6年間過ごしたのち、良妻賢母の育成を目標ともしていた高等女学校に4～5年通って卒業すると、多くの人が結婚しました。

教師などを目指す限られた人だけが、さらに女子専門学校に3年通うというのが学歴の最終コースでした。

戦前は、女性を受け入れない大学がほとんどで、世間一般でも「女に学問はいらない」とごく当たり前にいわれていた時代ですから、母・ノブの考えは当時としては普通だったといえるでしょう。

一方、父・貞雄はニューヨークの駐在経験もあったため、女性も社会に出て、仕事を持って働くことに肯定的でした。

両親ともに教育熱心ではありましたが、娘の人生については、母と父の間で大きく価値観が異なる点はこの後、波紋を呼ぶことになります。

このころ、父・貞雄は台湾銀行の東京支店の支配人と静岡方面の紡績会社の社長を兼務しており、渋谷区の家から一度区内で転居した後、昭和4年には麻布区に。その後、かつては武家屋敷だったという大きな門と立派な玄関のある150坪ほどの一軒家に家族で移り住みました。

元気で正義感の強い高等女学校時代

嘉子は高等女学校入学当初から、持ち前の明るさと人見知りしない性格で、友達がたくさんできました。嘉子の周りに人が集まってくるのです。

とくに、この当時に親しくなった５人の親友グループとは、嘉子が亡くなるまで親しく付き合いを続け、生涯続く友情を育みました。

高等女学校に入学し、嘉子は学業だけでなく自由な学生生活をエンジョイしたようで、数々のエピソードが残っています。

嘉子は理知的で、正義感が強く、努力型の少女でした。間違っていると思えば、親友の言葉にも堂々と異論を唱え、理路整然と自分の考えを主張したので、親友たちも「口喧嘩では絶対に彼女にはかなわない」と感じていたようです。

嘉子の弁舌の巧みさや正義感の強さは、親友たちが「後に弁護士から裁判官になったのはまさに、嘉子の天職」と言っています。

当時の嘉子は国語よりも数学が得意な理系タイプ。抜群の成績でしたが、それを鼻にかける優等生ではなかったようで、隣の席の人と通信簿を見せ合ったり、勝負や成績にこだわらないおおらかさがありました。

ダンスも得意で、体操の時間には振り付けを嘉子が考え、クラスで創作ダンスを踊ったこともありました。そのときの嘉子の指先の表情には、他の人がまねのできない美しさがあったといいます。

元気で積極的な嘉子が率いる仲良しグループは、入学当初から良妻賢母を育成する学校として有名だった高等女学校の校風とは、一風変わった雰囲気を醸し出していました。

当時の高等女学校の校舎は材木の支えがところどころにあるようなバラック建ての粗末なものでしたが、校庭には「センチが丘」というクローバーが敷き詰められた丘があり、学生たちの憩いの場となっていました。昼休みになると専攻科生がえび茶の袴に紫色の銘仙のたもとを抱え、物静かに青春を語り合っていました。

そんな中、嘉子たちはセーラー服の裾をひるがえして飛び跳ね、はじけるような笑いでキャッキャと盛り上がり、ときには周囲の先輩を驚かせたり、眉をひそめさせたりしていたといいます。

演劇、絵画、小説…学業以外にも才能を発揮

しかし、その〝異色の存在〟だった嘉子が、一気に注目される出来事が起こります。それは嘉子が1年生のとき、卒業生を送る謝恩会でした。

嘉子は出し物の劇で『青い鳥』のチルチル役を熱演。澄んだ声で台詞もよく通り、役に入り込んだ演技や劇中歌の伸びのある歌声は、いつまでも学内で語り草になるほど好評を博したといいます。

それもそのはず、嘉子は宝塚歌劇団が大好きで、とくに男役の雪野富士子の大ファン。密かに自分も宝塚に入って女優になりたいと考えていたこともあったようです。

ただの優等生ではなく、ちょっぴりミーハーな面も、嘉子が人に好かれる魅力のひ

とつでした。

演劇だけでなく、絵画の才能にも光るものがあったようで、一時は油絵の先生について本格的に絵の勉強をしたほどです。

また、小説を書くことにも熱中していた時期がありました。翻訳物の文学書を読み漁っていた嘉子の発案により、例の仲良しグループの5人で「八千草」というタイトルの同人誌のようなものを作り、リレー式にひとつのお話を書いていくという活動もしていました。

ただ、こちらは、先生から「そのエネルギーを勉強に向けるように」と忠告され断念することに。

とにもかくにも、嘉子の多才ぶりもさることながら、昭和になりたての時代に、娘の興味や才能を理解して、勉強や花嫁修業とは関係のない習い事や活動を快く応援した両親の経済力とリベラルな包容力のおかげで、嘉子はますます賢く、心豊かな女性へと成長していきました。

そして卒業時には、トップの成績優秀者として総代を務めます。難関校で優秀な学生が集う中、決してガリ勉ではなく、学業以外の活動にも精を出していた彼女が総代として卒業証書を受け取ると発表されたときには、当時、学校が席次を一切発表していなかったこともあり、仲良しの友達はもちろん、嘉子本人も驚いたとか。

たくさんの学びと抱えきれないほどの思い出を胸に、嘉子は高等女学校を卒業しました。

第 2 章

人とは違う学生時代

――反対にもめげず、明治大学へ進学

「何か専門性のある仕事を」

女学校の後半あたりから、嘉子は自分の将来について考えはじめます。

父・貞雄は、嘉子のしたいことは惜しみなく応援し、ああしろこうしろと自分の考えを押し付けることのない、放任主義な父親でした。

それでも嘉子の優秀さには早くから気づいており、嘉子に専門性のある仕事を持つように勧めます。

「政治や経済も理解できる人間になれ。そのためには、何か専門性のある仕事をしなさい。医師という道もあるが、弁護士はどうだ」と。

しかしそのころ、法律を勉強する女性はあからさまに白い目で見られました。夫に従順に従い、素直でおとなしい妻こそ女性の鑑であるといわれた時代、小難しい法律に詳しく弁の立つような女性は煙たがられたのです。

さらに当時は、いくら法律を勉強したとしても、女性には弁護士や裁判官になる道が開かれておらず、法律家として報酬を得て自立する術は確立していませんでした。裁判官や検察官も男性に限られており、女性が法律を生業とする方法は事実上、ありませんでした。

嘉子が女学校を卒業するころ、女性が法律を勉強しても、結婚の道を狭めるうえに、医師や教師と違ってお金も稼げません。何の役にも立たないどころか、あえて生きづらさを自分に課すようなものだったのです。

それでも東京帝大法学部を卒業し、ニューヨーク生活も経験した父・貞雄は、それほど遠くない未来には男女同権の考えが日本でも一般化して、女性の法律家が必要な時代がやってくると確信していたようです。

実際、法曹界では「女性にも弁護士の門戸を開くべきだ」という議論が起きはじめており、その後法律を学びはじめた嘉子を励まし続けました。

父・貞雄は、正義感が強く、知的で論理的に物事を考えられる嘉子にとって、法律家が最適だと判断したのではないでしょうか。

進路希望は明治大学に

そんな父の影響からか、嘉子自身も早い時期から女性も職業を持つべきだと考えていました。社会に出て全力で何か仕事をしたい、というのが父にアドバイスを受ける前から、嘉子の希望だったのです。

すでに法律家となった後のことですが、嘉子は同僚男性に「もし自分が男に生まれていたら、黒部ダムでも造ってみたかった」と語っています。また別の折には、後輩女性に対して「私は精いっぱい働きたい。死ぬときは『ああ、私は精いっぱい生きた』と思って死にたいの」と打ち明けています。

嘉子は以前、父の家系が代々医者であったことから、医療への道を考えたこともあったようですが、血を見ると怖くなってしまう性格だったため、父が提案したもうひとつの道である法律家を志すことを心に決め、大学進学を目指します。

とはいえ、女子学生の入学を許す大学は、このころほとんどありませんでした。明治大学は嘉子が女学校を卒業する3年前の昭和4年に、女性に向けて女性だけの学科「専門部女子部」を開校していました。そのあと明治大学法学部の本科で、男性と同じように学ぶことができます。

嘉子は明治大学専門部女子部に進み、法律を学ぼうと決心します。

母と女学校の先生からの猛反対

ところが、ここで思いがけない事態が起こりました。高等女学校の先生方と母親・ノブからの猛反対です。

明治大学専門部女子部を受験するため、女学校に卒業証明書をもらいにいったとき、女学校の教師は、嫁のもらい手がなくなってしまうと嘉子に諭しました。

首席で卒業する優等生が、自校のすすめる「良妻賢母」とは真逆の道へ突き進もうとしているのですから、教師らが驚愕し、路線変更させようと説得したのも当然です。

しかし嘉子は、「父の了解を得ていますから」と押し切り、卒業証明書をもらって帰宅します。

母・ノブは、父と娘の進路決定について少し前から伝えられていて、家に出入りしていた書生の男子学生に不安な胸の内を明かしています。

「嘉子、女学校を出てどうすると思う?」と聞かれた男子学生が「花嫁学校へ行かれるんでしょう」と答えると、「それがそうじゃないのよ。実は明治大学の法科に行くことになったのよ」とこぼします。

これには、話を聞いた男子学生も絶句したといいます。当時、女性が法律を学ぶというのは、それほど一般の常識とかけ離れたことだったのです。

放任だけれど応援は惜しまなかった父、しつけには厳しいながらも嘉子の一番の理解者であった母。

これまでは足並みをそろえて熱心に嘉子を教育してきた父母ですが、嘉子がこれまで受けた教育を活かして「法律家として自立して働きたい」と志したとき、武藤の家では波乱が巻き起こってしまいました。

女性が法律を学べるよう、道を切り開いた男性たち

ここで、嘉子が進むことになった明治大学専門部女子部が、どのようにできたかを振り返っておきたいと思います。

現代を生きる女性に「第二次世界大戦前は女性には選挙権もなかった」とお話したところ、「えっ、なんですか？」という反応をされました。

しかし実際、戦前は、女性は一人前とは見られておらず、良妻賢母やおとなしい妻が喜ばれました。

小学校を卒業後は、男女で進む学校が異なり、東京帝国大学（今の東京大学）や京都帝国大学をはじめほとんどの大学は、女子学生の入学を認めていませんでした。

女性も法律を学ぶべきだという発想は、普通の人にはありませんでした。

けれどもそんな昭和の初めにも、世界の動きを見て先を読み、日本の女性にも法律を教えて弁護士にもなれるようにしようと熱心に動いた男性たちがいたのです。

最初に発案したのは、東京帝国大学法学部の民法の教授・穂積重遠(しげとお)でした。明治16年(1883年)生まれで、女性の地位に関心を持ち、女性たちに法律を教えたいと思っていました。

穂積は東京帝国大学だけではなく、明治大学でも民法を教えていました。

その縁で穂積は、明治大学で憲法を教えていた松本重敏を仲間に入れます。松本は明治8年(1875年)生まれで、明治法律学校(明治大学の前身)卒業です。

昭和2年(1927年)ごろ、弁護士法の改正委員会に「女性も弁護士になれるようにしよう」という案が出されました。松本重敏が委員で、彼の意見が反映していたようです。

教育について審議する公民教育会でも「女に法律を教える学校が必要だ」との話が

出ます。穂積と松本が同会に関係していました。

穂積と松本は、いよいよ機が熟してきたと判断して、穂積は司法省の賛成を、松本は文部省の賛成を取りました。

さらに穂積と松本は、「明治大学の法学部で女性に法律を教えよう」と提案し、これを法学部が支持。

当時の明治大学学長の横田秀雄も賛成します。横田学長は、文久2年（1862年）生まれで、東京帝国大学法科大学を卒業。大審院長（今の最高裁判所の長官）をしており、女性の権利に理解がありました。

ところが、明治大学の評議委員の多くが「女性に法律など教えなくてもよい」との考えで、「たとえ、女子学生が入学しても、収容するスペースがない。もちろん、新しく校舎を建てる金もない」と反対しました。

そこで松本は、ある夜ひそかに明治大学の理事で実業家の佐藤慶太郎の自宅を訪れます。そして熱心に口説き、校舎が建つだけの寄付を取り付けたのです。当時で１万円（現在の１８００万円相当）だったといいます。

なんとか木造２階建てのつつましい校舎が建てられました。


こうした男性たちの熱心な努力のおかげで、「明治大学女子部」ができ、女性が法律を学ぶための道が開かれたのです。

明治大学は積極的に女性法曹の養成を目指し、女子学生を入学させました。そのため、草分けの女性法曹のほとんどは、明治大学の出身です。


その後、時がたって昭和24年（１９４９年）、日本がやっと敗戦の痛手から立ち直ろうとしていたとき、ＧＨＱの民間情報教育局の課長で弁護士だったホームズ女史は、虐げられていた日本の女性から、弁護士や判事が出ていることを喜びました。

彼女は、女性法律家のほとんどが明治大学女子部の出身だと聞いて訪れ、「こんな貧しい校舎が、女性の法律家たちを送り出してきたのか」と驚きます。そして、「日本に学校は多いが、日本文化史に残る学校は、ここ一つだ」と讃えたということです。

冷たい世間の目、あたたかい母のまなざし

父の強い応援、そして彼女を愛する母や女学校の先生方の反対を押し切って明治大学女子部へ進学した嘉子。本人は法律を学ぼうと意気揚々と学校へ通っていましたが、世間の風当たりはやはり相当に冷たいものでした。
嘉子の末の弟の泰夫は、家の近所を歩いていた男子学生が「ここの家、女だてらに法律を勉強しているんだって」と聞こえよがしに噂するのを聞いています。

嘉子自身も、後の自著『女性法律家』の中で
「明治大学入学後、知人に出会ったとき、今どうしているかと聞かれ『明治大学で法律を勉強している』と答えると、とたんに皆一様に驚きあきれ、なんという変わり者かという表情で『こわいなあ』と言われるのにはこちらが参ってしまった。以来、他人には法律を勉強していることは言うまいと決心した。自分でも少しは人と変わった道を選んだと思ってはいたが、何か日陰の道を歩いているような口惜しさを覚えずに

はいられなかった」

と回想しています。

しかし、世間のこのような無理解ぶりが、逆に、頑なに娘の進路に反対していた母・ノブの心を翻意させることにつながったのかもしれません。

明治大学女子部入学当初は法律家になることに反対していたノブですが、世間の冷たい目から愛娘である嘉子を守ろうとする気持ちが強く働いたのに加え、法律を学ぶ嘉子の真摯な姿勢を間近で見るうちに、気がつけば父とともに嘉子の法律家への道を心からサポートし、応援する理解者へと変わっていました。

大学時代のあだ名は〝ムッシュ〟

嘉子が入学した明治大学女子部は全体で百人ほどで、専門学校というよりも塾と呼ぶほうがふさわしいような、こぢんまりとした学校でした。嘉子と同期で入学した女子生徒は、商科・法科合わせて約50名でした。

そこでも、嘉子はあっという間に人気者になり、すぐに４人の仲良しグループができます。

学校があった神田・駿河台下のあたりをぶらぶらと歩き、若松屋のみつ豆を食べておしゃべりしたり、三省堂書店を巡ったり、料理学校に通ったりと、相変わらずにぎやかで活発な青春を楽しんでいました。

ＹＭＣＡで水泳をした日には、濡れたままの髪で授業に出て、先生の講義をよい眠り薬にして（？）うつらうつらと居眠りをしたことも……。

嘉子は、まん丸顔にぱっちりとした瞳、チャームポイントのえくぼが可愛らしい女学生でした。

しかし、活発でちょっと男っぽいところもあったため、いつのまにか苗字の武藤にもひっかけて〝ムッシュ〟というニックネームで、友人に呼ばれるようになりました。

女子部での楽しい毎日

友達にムッシュと呼ばれていたころの、嘉子のおてんばエピソードが残っています。東京で珍しく雪が積もったある冬のことです。

何を思ったか、嘉子は自宅に置いてあった父か弟のスキー板を持ち出し、雨ガッパに身を包んで、自宅近所の乃木坂へ向かいました。こっそりスキーに挑戦しようとしたようです。

生まれて初めてのスキーだったので、恐る恐る滑りはじめたところ、そこへ運悪く警官が通りかかりました。場違いで珍妙なスキーヤーを見つけた警官は大声でやめろと怒鳴りました。

しかし、坂道のスキーは簡単には止まりません。なにしろ初めてのスキーなので、嘉子自身止まり方もわからなかったのかもしれません。結局、下まで滑り切ったところで追いかけてきた警官に捕まりました。カッパのフードを下ろすと、女性だとバレて、輪をかけて散々に叱られたそうです。

でも、ここでメゲないのが嘉子です。

翌日学校へ行くと図書館で、この〝武勇伝〟を親友たちに身振り手振りで、小声で面白おかしく語りました。聞いていた友達も最初は我慢していたものの、ついには吹き出して大爆笑。静謐な図書館に響く女学生たちの笑い声。

焦った嘉子は顔の前に人差し指を立てて「シー！シー！」とやっきになって鎮火を試みましたが、その必死さがおかしくて、さらに友人たちは笑い転げるのでした。

やったこともないスキーで坂道を滑るとは、好奇心旺盛な嘉子らしいですね。

もともと理系が得意で、法律を学ぶ理論派の嘉子ではありましたが、意外にも信心深いというか、占いやおまじないを好むところもありました。

これは、幼い嘉子を伴って、浅草観音や巣鴨とげ抜き地蔵、牛込釈迦堂などに足しげく参拝していた母・ノブの影響でしょうか。

ある日、嘉子は学校に「こっくりさん」なるものを持っていきました。それを喜んだ仲間たちはさっそく割り箸を組み立てて占いを始めます。だんだん面白くなってきて、しまいには「次の試験に出そうなところをこっくりさんに教えてもらいましょう」などと大いに騒ぎ、楽しんだといいます。

いつもの嘉子とは少し矛盾した、占いやまじない好きという面は、その後も嘉子の人生に出てきます。

法律というきっちりと明文化された論理の世界で生きる嘉子が、人生の節目に占いやまじないに頼ることもある様子は、嘉子の杓子定規なだけでない幅広い人間性を示しているのかもしれません。

結婚のため、志なかばに次々と退学

嘉子が入学した明治大学女子部は、神田駿河台のかつて明治大学附属中学校・高校があった場所に設立されました。

そして、一緒に学ぶ女学生の顔触れは、他の学校ではお目にかかれないほど個性的なものでした。

「生徒は女性解放の意気に燃える女闘士やら、私のように世間知らずの女子学生など、年齢も10歳代から40歳を超える年配の女性まで、まことにバラエティに富んでいた。ともかく普通の女子専門学校にはない、厳しい、しかも大人の雰囲気があった」と後に嘉子は語っていたとか。

初年度の入学は３００人と予定していましたが、途中で結婚のため退学する人もたくさんいたとのことです。

嘉子の学年も入学者は50名ほどでしたが、多くの人が様々な理由で退学していき、卒業時には20名ほどでした。

嘉子のように周囲の反対を押し切ってあえてその道を選んだ女性でも、様々な外圧に負けたり、親に縁談を押し付けられるなどして、多くが法律家への道を断念しました。そして結婚して家庭に入るという当時の女性に敷かれたレールへと、軌道変更を余儀なくされたのでした。

入学当時、同じ道を志していた個性的な仲間たちが次々と退学していくのを、若かりし嘉子はどのような思いで見送ったのでしょうか。

明治大学法学部に進学、男性を抑えて首席卒業

昭和10年に専門部女子部を卒業した嘉子は、明治大学法学部本科へと進みました。ここからは、男子学生とともに学ぶことになります。

でも、やはり当時の気風なのでしょうか。男女がお互いに気安く話すムードではなく、女子学生は教室の前方に固まって席を取り、放課後は女子だけで行動していたようです。

女子部からの仲良し４人組は、そろって大学の混声合唱団に入りました。休日には記念堂や学校の地下室などで練習があり、嘉子も熱心に活動していました。

ある秋に明大記念会で発表会を行うことになったときのことです。「白髪なびく」

や短いドイツ曲が3、4曲あり、最後にシューマン作曲の「流浪の民」を披露することになりました。

この曲では声量があって声がよく響くことから、嘉子がソプラノソロに抜擢されました。その歌声はメンバーが感激するほどの出来栄えだったといいます。

お正月は仲良しの女子グループの家に招き合い、カルタ会をして楽しみました。どれだけおしゃべりしても語り尽きることはなかったようで、さっき別れて家に戻ったばかりだというのに、延々と長電話して、親から雷を落とされることもしょっちゅうでした。

自由奔放に青春を楽しみながらも、嘉子は本分である勉強も欠かしませんでした。嘉子の優秀さは交流がほとんどなかった男子学生にも知れ渡っていたらしく、大学での期末試験のときには、前後左右の席の男子学生に「教えてくれ」とつっつかれ、カンニングを迫られるほどでした。

明治大学法学部の卒業式でも、高等女学校と同様に、学年中の成績がトップの総代として卒業証書を受け取りました。

当時、女性が受けられる教育レベルが、同年代の男性に比べてかなり低かったことを考えると、大学で男性を抑えて首席になった嘉子の努力は、相当なものであったことでしょう。

昭和11年、司法科試験が女性に解禁！

嘉子が明治大学法学部に在学中の昭和11年、司法科の試験を女性も受験できるようになりました。

初回の11年の試験では女性も受験しましたが、合格者はなし。

翌年、中田正子が初めて筆記試験を突破したものの、口述試験で不合格。このときは「初の女性弁護士誕生か⁉」と世間でも注目を集め、中田が不合格になると「女性だから落とされたのでは？」という憶測も飛び交いました。

しかし、嘉子ら法学部の女性たちは、この一件を、「あと一歩で、私たちも弁護士になれる！」と肯定的に捉えたようです。

実際に法律を学び、こつこつと努力を続けてきた嘉子も、今まで先が見えなかった法律家への道が現実に一歩近づいたこの出来事に励まされたことでしょう。

「法律を勉強するような小賢しい娘は結婚の道も狭い」と世間で白眼視され、必死で勉強したところで法律家を生業とするあてもないまま、明治大学女子部へ進学した嘉子。

父、後に母からも強い後押しがあったとはいえ、それまではずっと自分の将来に絶望にも近い不安を抱えていたことでしょうが、女性にも司法科の試験が解禁されて、目の前が明るくなったことでしょう。

まだ確立していなかった女性法律家の道を嘉子に示唆した父・貞雄の知見の広さと先見の明もありますが、在学中に司法科試験が女性に解禁されるなどのタイミングのよさも、嘉子の運の強さというか、恵まれた点だったといえるでしょう。

第 3 章

法律家への第一歩

――女性初の司法科試験合格

女性合格者第一号を目指して、司法科試験に挑む

明治大学法学部を卒業した昭和13年の秋、第3回目となった高等文官試験司法科の試験に、多くの男性に交じって、嘉子も挑みました。

嘉子以外にも約20名の女性が女性合格第一号を目指して受験しています。

卒業してから秋に行われる司法科試験に向け、嘉子は猛勉強を開始しますが、その勉強法も彼女オリジナルの秀逸なものでした。受験のために作ったサブノートは半紙を縦二つ折りにして左に問題、右に答えを対比させた形式で「これさえあればどんな馬鹿（?）でも合格という大傑作でした」と弟の輝彦も語っています。

高等文官試験は、行政科と外交科そして司法科の3試験があり、難関です。寝る間も惜しんで勉学に励み、準備万端で司法科試験に挑んだ嘉子ですが、筆記試験1日目に帰ってくるなり、「失敗した」と玄関で泣き崩れてしまいます。

それを見つけた母・ノブは真っ青になって、以前武藤の家に書生として住み込み、2年前に司法科試験に合格し、司法官試補をしていた野瀬高生のアパートに飛んでいきます。

「嘉子が大変なの。試験に失敗したと玄関で泣き崩れて動かないのよ」

それを聞いた野瀬が武藤の家に駆け付け、嘉子の答案の内容を詳しく尋ねてみたところ、よくできていたので「絶対大丈夫」と太鼓判を押しました。すると嘉子も落ち着いたようで、翌日また気を取り直して試験に出かけて行ったとか。

後で聞くと、抜群の成績で司法科筆記試験を通過していました。大多数が男性の試験会場の雰囲気に呑まれ、嘉子はパニックを起こしていたのかもしれません。そんな中でも見事な成績を収めるあたりが嘉子の優秀さを物語っています。

こうして筆記試験を突破した嘉子は、最終の口述試験に挑み、あとは結果を待つだけとなりました。

女性初、3名の司法科試験合格者

司法科の合格発表は、昭和13年の11月1日。世間に注目されていた試験結果はラジオでも報じられ、合格者名は後日、官報にも掲載されました。第3回司法科の合格者には「武藤嘉子」「久米愛」「田中（中田）正子」の3人の女性の名前がありました。

嘉子とともに女性初の司法科試験合格者となったふたりはどのような経歴だったのでしょうか。

久米愛は津田英語塾（現在の津田塾大学）で英語を学んだ後に、女性弁護士登用を知り、明治大学専門部女子部に入学し直しています。戦後は弁護士として活動する傍ら、女性の社会進出を推進する活動を続けました。

田中（中田）正子は、嘉子が司法科受験する前年に筆記試験に通り、惜しくも口述試験で不合格となった人です。
日本大学の選科から、久米と同じく弁護士を目指して明治大学専門部女子部に編入。戦争末期に夫の実家の鳥取県に疎開したのが縁で、戦後も鳥取で弁護士として活躍しました。

初の司法科試験に合格した３人は、この後もさまざまな活動や職場で交流を行い、後輩の育成や男女平等、女性・子どもの権利拡大などに尽力して、生涯にわたり、法曹界を引っ張っていきました。

３人の母校だった明治大学は、合格の喜びに沸き、盛大な祝賀会が催されました。ほかにも各種女性団体による祝賀会が行われたり、講演や座談会などに数多く招かれたりと、３人は時の人としてもてはやされました。

父や母もとても喜んでくれましたし、今まで世間の見方は冷たかったのですが、この快挙の報道は、肯定的なものでした。

新聞では「女弁護士初めて誕生」「法服を彩る紅三点」などなど、各社3人の写真をつけた大きな見出しで彼女らの合格を報じています。

女性は裁判官と検察官にはなれない

しかし、当の嘉子は、その取り上げられ方に釈然としないものがありました。そのひとつが司法科試験に合格しただけで「女弁護士」になる、と報じられたところです。

当時、女性は司法科に合格しても弁護士にだけはなれるものの、男性のように裁判官や検察官への道は閉ざされていました。司法科試験の男性合格者は、希望すれば司法官試補採用願いの願書をもらえましたが、3人は願書をもらうことはできませんでした。

司法科試験に合格すると、男性は弁護士、裁判官、検察官という3つの道が選択できるのに対し、女性は合格しても弁護士以外になれない、という事実。女性も法律家として働くことが許されたとはいえ、まだまだ制限のある制度でしかありませんでした。

このため、司法科合格発表の時点で、新聞各社は女性に許された唯一の法律家の道である弁護士に当然なるであろうということで、大々的に「女弁護士」という見出しをつけたのです。

嘉子自身、司法科試験の口述試験の際にこの事実に直面してショックを受けています。口述試験場には、裁判官募集について書かれたものがありました。そこには、裁判官になれるのは日本帝国の男子に限る、という内容が書いてあったのです。

そのときの悔しさを、後に嘉子はこう語っています。

「私はそれまで日本の男女差別についても、あるがままに認識していたというか、特に憤るということもなかったのですが、(裁判官は) なぜ日本帝国男子に限るのか。同じ試験を受けて、どうして女子はダメなのかという悔しさが猛然とこみあげてきたことが忘れられません」

「女性のための弁護士」報道

嘉子が抱いたもうひとつの違和感は「女性のための弁護士」を強調する新聞記事の内容でした。戦後の回想で嘉子はこうした論調に「まったく当惑した」と書いています。

「女だから女の味方として弁護する」と捉えられることに、嘉子は強い抵抗を感じました。法にのっとった弁護士として男女を問わず世の人を支える活動をしていく意思はあったものの、そこに自分が「女だから」女の味方をするとか、「女性だから」と特別にひいきして肩入れすることをよしとはしなかったのです。

もちろん弁護士として当時、社会的地位が低いと軽んじられていた女性を守ることが自分の役割のひとつだと考え、女性の権利について深く考えることも多かったでしょうし、そうした活動も行っています。

それでも、女性の権利のみを主張する「女弁護士」という捉え方には違和感を抱いていました。

法律を学べば学ぶほど、自分を含めた女性への差別を感じて憤り、男女平等な世の中にしていこうと強く心に誓った一方で、ことさら「女性」を強調する報道に困惑していた嘉子の心の内は複雑だったことでしょう。

胸に困惑を抱えつつも、嘉子は法律家としての第一歩を歩みはじめたのでした。

司法科試験に合格したときの座談会。
左から久米愛、武藤（三淵）嘉子、田中（中田）正子。
（個人所蔵、データ提供は鳥取市歴史博物館）

明治大学女子部主催の、司法科試験
合格祝賀会の様子。
（個人所蔵、データ提供は鳥取市歴史博物館）

第４章

嘉子、結婚

――幸せから一転、過酷な戦中生活へ

見習い弁護士としてキャリアをスタート

昭和13年11月に司法科試験に合格した嘉子は、翌年、弁護士試補となりました。1年半の弁護士見習い期間です。

ともに明治大学卒で同期合格した久米愛、田中（中田）正子も弁護士試補として、それぞれ東京・丸の内にある一流の弁護士事務所に籍を置き、弁護士の修習にいそしみました。

3人はお昼時になると毎日のように丸ビルのレストランに集まっておしゃべりしながら食事をしたり、皇居のお堀端あたりを散策しつつ、互いの事務所の様子を話したり、心おきなく法律談義を闘わせたりしました。

というのも、彼女らが一緒に修習していた弁護士試補（見習い）たちは男性で、その多くは年齢も上、とても気軽に雑談や議論ができる雰囲気ではありませんでした。

嘉子は当時をこのように回想しています。

「私から見ると父親のようなおじさん方の多い弁護士試補の修習は心が重かった。討論の場で若い小娘が年配の自尊心を傷つけるような議論ははばかられ、遠慮しながらの発言で、常に欲求不満が胸に溜まっていた」

久米も田中も、お昼の〝女子会〟は３人にとっての息抜きタイムだったようです。

見習いの期間を終えた昭和15年の12月、嘉子は第二東京弁護士会に登録し、丸の内の仁井田益太郎の弁護士事務所に所属。正式に弁護士としてデビューしました。

第二次世界大戦突入、裁判をしている場合ではない

当時、日本は戦時色が濃くなり、翌年には真珠湾攻撃を皮切りに、第二次世界大戦に突入します。

嘉子らは弁護士になったものの、戦争の影響から民事裁判が減少、弁護士の出番自

体が減ってきました。

国が戦争をしているときに国民同士が争っている場合ではない、という風潮が世の中に広まっていたからです。


そのころ嘉子が受任していた離婚訴訟も、そんな時代の圧力をもろに受けました。妻の不貞を理由とする夫からの離婚請求に、不貞を否認する妻側がその名誉をかけて争うというもので、嘉子も熱心に妻側で訴訟を続けていました。

しかし、訴訟中に夫に召集令状が来ると事態は一変。「後顧の憂いなく夫が出征できるように」ということで、周囲の圧力によってあっという間に協議離婚が成立し、訴訟は取り下げられてしまいました。

妻の弁護をしていた嘉子はあっけにとられました。戦争のためには個人の名誉など尊重されないという現実は、弁護士としての嘉子の気力を削ぎました。

また同じころ、まわってきた国選弁護の案件を嘉子が辞退したこともありました。

「弁護士になりたてのころ、青臭い正義感の強かった私は、私自身が考える正義に反するようなことをする人のためにも、弁護活動をするべきかどうか非常に悩んだ。国選弁護を引き受けないかと、ある先輩から見せられた刑事記録は、悪質極まりない強姦事件であった（当時は、捜査記録が起訴状に添付されていた）」（嘉子の回想）

弁護する被告人に、どこか同情の余地はないかとすみずみまで記録を読み込んだ嘉子ですが、どうしても厳しく罰するべきだという思いがぬぐえず、結局、弁護の余地はないと、弁護を断ってしまったのです。

どんな極悪非道な被告人にも弁護士の援助が必要だということは、嘉子自身十分に理解していたものの、弁護する義務の限界が大きな疑問となり、どうしても引き受けることができませんでした。

もちろん嘉子も「弁護士は自由業なんだから、嫌なら引き受けなければよい」では、済まされないことはわかっています。法律家である以上、法律の援助を必要としている人に力を貸すのが正しい道なのに……と、自身の強い正義感と法律家としての立場に激しく葛藤したのでした。

戦争や弁護の断りに加えて、嘉子自身の結婚・育児などが重なったこともあり、嘉子の弁護士業は、数件の事件を担当した後、開店休業の状態になってしまいました。

母校の講師として、後進の育成

弁護士になった同じ年、嘉子は母校・明治大学で民法の講師も始めました。弁護士と講師の二足の草鞋でしたが、メインであるはずの弁護士の仕事はほとんどなくなったこともあり、後進の育成にも力を注ぐようになります。

明治大学法学部や明治大学専門部女子部には、嘉子らの司法科試験合格を新聞などで知り、「私も法律家になりたい」と入学してきた女子学生もたくさん現れました。

実は、嘉子が在学中だったころの専門部女子部は、存続の危機に瀕していました。

嘉子が入学した昭和7年でさえ募集定員に満たない50人程度の応募しかありませんでしたが、戦争の足音が近づいて世の中がますます保守的になっていくと、「女が法律を学ぶこと」はますます敬遠されるようになり、応募者は年々減っていきました。

嘉子が明治大学法学部の3年生だった昭和12年ごろには、女子部の経営自体が困難になり、とうとう学生の新規募集を中止するという事態にもなりました。

女子部をつぶすまいと、学生だった嘉子らも積極的に存続活動に尽力しました。学校の創立以来、女性法律家の育成に熱心に取り組んでいた穂積重遠や我妻栄ら教授陣も、「給料なしで授業を続ける」と訴えるなど、女子部廃止の反対運動は盛り上がります。

その結果、一度は理事会で決定していた女子部の廃止は、ぎりぎりのところで覆りました。

日本の将来のためにも、女性の法律家への道をつぶしてはいけないと考えた教授たちの熱意と、嘉子ら学生やOBたちのがんばりによって、なんとか廃止を免れました。

そして、翌年の嘉子ら女子部卒の3人の女性の司法科試験合格のニュースによって一気に息を吹き返し、入学希望者が急増。

昭和14年には学校経営も軌道に乗りました。

嘉子たちの司法科受験とその合格は、彼女ら個人の将来を決めただけでなく、学校存続、ひいては女性の法律家への道すらも死守したことになったのです。

「受験する気になったのも、当時不振だった母校の名誉を幾分でも高めたいと思ったからです」と、司法科試験合格後に嘉子自身が新聞記者に語っています。

そんな学校に、講師として戻ってきた嘉子。

女子部の講師陣は、その当時の学校のレベルとしては考えられないほど豪華な顔ぶれ（東京帝国大学教授・元裁判官などトップレベルの講師陣）でしたが、世代の近い女性の先輩の嘉子らから直接指導してもらえることは学生たちにとって大きな魅力で

その後、昭和40年からは明治大学短期大学の講師も務める。
昭和42年3月発行の卒業アルバムより。
（明治大学史資料センター所蔵）

した。

日本初の女性弁護士として新聞で紹介されたのを目にしたことがきっかけで、法律家を目指し、女子部に入学してきた学生にとって、嘉子は憧れの存在です。学生時代同様、嘉子のまわりにはたくさんの学生が集まりました。

「こんな私とも口をきいてくださるかしら」と緊張する教え子たちに、嘉子はえくぼが浮かぶ優しい笑顔で「遠くからよく来てくれたわね」とフランクに語りかけます。

先生というよりは先輩、お姉さんという印象で、学生たちと一緒に校内を歩き、ときには靴を買いたいという地方学生を横浜に連れて行ったこともありました。

嘉子の授業は大人気を博しました。

当時の女子学生にとって、嘉子の授業は社会への思いや男女平等についての考えなど、自分の意見も自由に発言できる貴重な場であったことでしょう。

嘉子がよく通る透き通った声で条文を読み上げると、それだけで、嘉子ファンの女子学生たちはうっとりしたとのことです。

意中の相手を逆指名して結婚へ

弁護士業は開店休業状態でしたが、女子部の講師として後進の育成のために働く嘉子は、それなりに充実した日々を過ごしていました。

その一方で、母・ノブはそんな嘉子を見て、ひとり気をもんでいました。母・ノブは、娘の法律家への道を応援する側にまわったとはいえ、やはり「娘には結婚してほしい」という考えを、どうにも捨てきれなかったのです。

弁護士になった時点で、嘉子はすでに26歳になっていました。当時の感覚では、すでに結婚するには遅いと思われた年齢です。

放任主義だった父・貞雄もこのころには、妻にせっつかれたためか、さすがに娘の行く末が気になったようで、両親はそろって嘉子に結婚の話を持ちかけるようになります。

嘉子は「高等女学校卒」というどこに出しても恥ずかしくないレアな花嫁切符を、明治大学女子部入学から弁護士資格取得の行程で帳消しにしてしまっていました。嘉子の高等女学校時代の友人が続々と良家へ嫁ぐのを見て、母・ノブは気が気ではなかったことでしょう。

先進的な父・貞雄の意見に従い、娘の真摯に努力する姿を見て自分の意見を翻し、娘が法律家として働く道を応援したものの、その決断は果たして正しかったのか。どんなに娘が熱望しても、将来の幸せのために身を挺して進学を反対し、そのまま良家の男性に嫁がせることこそ、母親である自分の役割ではなかったのか。
良妻賢母育成の名門である高等女学校首席の嘉子のままなら、素晴らしい縁談が殺到したはずなのに……と。

とうとう父・貞雄も困って、「誰か気になる人はいないのか？」とストレートに聞きました。

すると意外にも、嘉子は「実は、ひとり」と答えます。

彼女は「……和田さん……」と告げました。それは、以前に武藤の家の書生だったことがある和田芳夫でした。それには両親もびっくり仰天。

貞雄の地元の親友の甥である芳夫は、丸亀中学校を卒業後、働きながら明治大学夜間部で学ぶ苦学生でした。卒業後は、東洋モスリンという紡績会社に就職して働いていました。

何人もいた武藤の家の歴代の書生の中でも、とりわけ気立てがよく、もの静かで優しい人物だった芳夫に、まるで正反対な性格の嘉子がひそかに心を寄せていたことは両親も兄弟もまったく気がついていなかったのです。

父が「すでに芳夫と交際しているのか」と尋ねると、いつもの積極的な性格はどこへやら、もじもじと「何もありません」と答える嘉子。

娘の意をくんだ父が、芳夫に「娘があなたのことを気に入っているのだが」と伝え、ようやくふたりは交際を始めたとのことです。

親が決めた許嫁と結婚、または持ち込まれた縁談相手とお見合いして結婚、あるいは男性が見初めた女性と結婚に至る、というのが通例だった当時、父に促されてもじもじと……とはいえ、自分から意中の人を逆指名して見事に射止めた嘉子は、やはり結婚でも時代の最先端を走っていたといえるでしょうか。


しかし、真面目でおとなしい芳夫と、普段は活発なのに、こと男性相手だと思ったことが言えなくなってしまう嘉子の交際は、遅々として進みません。

のちに嘉子は、「男の人って、いざとなると意気地がないのね。なかなか結婚しようって言ってくれなかった」と友人にこぼしています。


それでも周囲の応援やプレッシャーを受け、なんとか結婚にこぎつけたのは昭和16

年11月5日のこと。ふたりは、嘉子が28歳になるわずか1週間前に結婚式を挙げ、嘉子は「武藤嘉子」から「和田嘉子」になりました。

このとき、母・ノブは心からほっとしたことでしょう。戦争の足音が間近に迫っていたものの、法律家の夢を実現した娘が意中の人と結婚することができたことで、武藤の家とノブの心には幸せと喜びが満ちあふれていました。

男の子を出産、両親と幸せな同居生活

結婚して池袋に新居を構えた嘉子と芳夫。

妻の仕事に理解があり、優しかった芳夫のサポートもあり、当時では珍しい共働き家庭として新婚生活をスタートさせます。そこから嘉子は弁護士事務所や明治大学へ、芳夫は勤務先の紡績会社に通勤しました。

しかし、結婚した翌月には真珠湾攻撃を発端とする太平洋戦争が始まり、弁護士としての仕事はほとんどなくなってしまいました。

大学の授業も戦争の影響を受けて、本来の授業よりも防空訓練や救護訓練が優先されるようになっていきます。

嘉子に憧れて入学してきた学生たちも嘉子の授業は受けることができなくなり、男子学生は学徒動員、女子学生は勤労動員をさせられました。

そんな中、結婚してまもなく嘉子は妊娠。戦時中ではありましたが、この妊娠は嘉子にとってベストのタイミングだったといえるかもしれません。

エネルギッシュな嘉子がどんなに願っても思うように働けない戦時下に妊娠し、子を育てる時期を迎えたことは、戦争の不安や物資の不足という面があったとしても、嘉子の精神面では「何もすることがない」、と落ち込むことはなくなった出来事であったでしょう。

弁護士の仕事への不安は募りましたが「今は妊娠中だから」と気持ちを切り替え、

とにかく無事に子を産み育てることに前向きに取り組んだ嘉子は、昭和18年1月に、一人息子となる長男・芳武（よしたけ）を出産しました。

芳武が誕生したことで、和田芳夫と嘉子は、池袋から、嘉子の実家である麻布笄（こうがい）町の武藤の家に同居します。

父・貞雄と母・ノブにとって初孫となる芳武を連れての同居は、もろ手を挙げて歓迎されました。貞雄とノブは孫の芳武をまさに目に入れても痛くないといったかわいがりようで溺愛し、世話を焼きます。

世の中は戦争の影響でどんどん深刻になっていきましたが、武藤の家は芳武を中心に幸せな時間が流れていました。

優しい芳夫の心遣いにより、嘉子は出産後も順調に育児にいそしみ、夫婦仲は円満そのもの。

嘉子が娘時代から望んでいた温かく楽しい結婚生活でした。

夫の召集、弟の戦死。人生のどん底へ

ところが、幸せな生活は長くは続きませんでした。

息子の芳武が1歳になった昭和19年初頭、とうとう夫・芳夫に召集令状が舞い込んだのです。

周囲の人にも突然、赤紙（召集令状）が届き、内心心配しつつも出征を見守る経験を幾度も重ねてきた嘉子ですが、最愛の夫が召集されたときにはさすがに動揺し、悲嘆にくれました。

幼い息子は1歳になったばかり。せっかく手に入れた幸せな結婚生活がいきなり崩れ去っていくような思いだったことでしょう。

幸い、このときの芳夫の召集は、以前患った結核による肋膜炎の跡が見つかったことで、すぐに召集解除となりました。

しかし、6月、嘉子のすぐ下の弟である一郎の戦死の知らせが届きます。

武藤の家の長男だった一郎は、すでに結婚もしていましたが、召集令状によって妊娠中の妻を残して出征していたのです。

一郎は昭和19年6月、沖縄へ向かうために乗っていた輸送船・富山丸が鹿児島県近海で米軍の魚雷によって撃沈され、死亡。

これにより、妻の嘉根（よしね）と、一郎が顔を見ることさえ叶わなかった娘が残されました。

遺体は海の底へと沈んでしまい遺骨もなかったので、家族は一郎の遺品を骨壺に入れてお葬式を執り行うしかありませんでした。

武藤の家の跡継ぎとして頼りにしていた一郎の出征と、妻と子を残しての戦死は、両親に大きなショックを与え、嘉子も嘆き、悲しみました。

実はこの年、麻布笄町の実家は「空爆による火災を防ぐため」という理由で取り壊され、嘉子たち家族が住んでいた立派な屋敷は無残に壊され、更地になっていました。

昭和19年2月、武藤の家族らは赤坂区高樹町に移り住み、ようやく落ち着いたところで一郎の戦死を知らされたのです。

2度目の召集令状

さらに弟・一郎の葬儀の後、夫・芳夫に2度目の召集令状が届きました。召集が解除されてからたった1年しかたっていません。それほど当時の日本軍は逼迫していたのでしょう。

芳夫は自分の病気を主張するような性格ではなく、出征しました。

頼りにしていた弟・一郎が戦死し、最愛の夫・芳夫が2度目の召集を受けてしまった嘉子。

なんとか無事に戻ってほしいと、毎日祈っていたことでしょう。

当時、そんな彼女の持ち前の信心深さがうかがえるエピソードがあります。

女学校時代に親友グループだった、平野露子の夫に召集令状が来たと聞いた嘉子は、露子を誘って日比谷公園へ出かけます。

そして、「お互いの夫が必ず帰還するおまじない」と言って、亀の甲羅にそれぞれの夫の名前を書き、その亀を日比谷公園の池に放りました。

「真夏の灼けるような日差しのもと、お酒を振りかけられ、甲羅には夫の名前を書かれた亀はまるで、軍隊では要領の悪い私の主人の姿よろしく、のろのろと水に沈んでいきました。

『これで平野さんはきっと帰ってくるから』と力強く言う嘉子さんに、私はもたれかかるばかりでした。

その後、あのときのおまじないが効いたのか、主人は病を得ながらも無事に帰還。でも、嘉子さんの御主人は帰還の最中に逝去されてしまい、お互いにとって、とてもつらい思い出になりました」（平野露子）

嘉子の必死のおまじないも結果的には叶わなかったのですが、そのころの嘉子はそれを知るべくもありません。

夫の無事を祈りつつ、ほかにも思案しなければならないことが山積みでした。

東京は危ない、福島県へ疎開

夫は出征し、実家の家も強制立ち退きにより失ってしまった嘉子。

両親らと一緒に赤坂へ移り住んだものの、東京は毎日のように空襲警報が鳴り響くような状態。

このまま東京にいては大事なわが子の命も危ういと、嘉子は息子・芳武を伴って疎開することを考えるようになります。

どこへ疎開すべきか思い悩んでいたところ、知人のツテによって福島県に疎開先の住まいを見つけることができました。

嘉子は2歳2ヶ月になった息子の芳武、未亡人となってしまった一郎の妻・嘉根と忘れ形見の娘とともに、福島県坂下(ばんげ)町へ疎開します。

そのころ、父・貞雄は台湾銀行を退職し、川崎で軍が使用する火薬を製造する工場を経営していたので、嘉子らと行動を共にすることはできませんでした。

嘉子らと別れた両親は、しばらく赤坂・高樹町に住んでいたものの、そこも戦火で焼け出され、工場に近い社員寮に移り住むことになりました。

学生だった末弟の泰夫は、父に命じられて、福島の疎開先に嘉子らの様子を見に訪ねて行ったことがありました。

「それはもうひどいものでした」

当時を振り返り、泰夫は首を振りながら嘉子らの様子を語ったそうです。

嘉子たちが疎開した家は本来住宅ではなく、わらぶきの納屋のような建物でした。畳もなく板にノミやシラミだらけのむしろを敷いた部屋で寝起きする生活。

土地の水はけが悪かったためか家の中はジメジメとしていて、部屋の壁はナメクジが這っていたといいます。

もちろん電気も通っておらず、夜の灯りはランプに頼るしかありませんでした。

嘉子と嘉根は、ともにモンペ姿で近隣の農作業を手伝い、家族のための食糧をなんとか分けてもらっていました。敷地内を自分たちで耕して、サツマイモなども育てていたようです。

それを見た末弟・泰夫は、「なんとむごいことだ」と絶句したといいます。

豊かな家庭の娘として何不自由なく育ち、日本初の弁護士として報道された姉を知る泰夫。

今の姉の地獄のような生活への激変ぶりを目の当たりにしたとき、姉にかける言葉が見つからなかったのもうなずけます。

そのころの嘉子は、芳武をおぶって歩きながらよく歌を口ずさんでいました。

――ここはお国を何百里
離れて遠き満州の
赤い夕日に照らされて…――

口ずさんでいたのは「戦友」という軍歌。

最愛の夫は兵隊に取られ、亡き弟の妻と一緒に粗末な小屋に住み、わが子と自分たちが今日を生きる食糧のために、身を粉にして慣れない農作業に明け暮れる日々。いったいいつまでこのような暮らしが続くのか、いつになったら戦争は終わるのか。絶望としか言いようのない気持ちを抱えながら、嘉子は背負った芳武に聞かせるというより、自分の心情を吐露するかのように「戦友」を歌っていたのでしょう。

そして、嘉子は昭和20年8月15日、日本の敗戦を伝える玉音放送を聞くことになります。

第５章

激動の戦後

――夫、父母、弟の死を乗り越えて

終戦、疎開先の福島から川崎へ

疎開先の福島でラジオから流れる玉音放送を聞き、日本が戦争に負けたことを知った嘉子。

敗戦の事実やこれから日本がいったいどうなってしまうのかという不安な気持ちよりも、戦争そのものからの解放がうれしかったといいます。

とはいえ、なかなか事態は好転しませんでした。

終戦後、嘉子は疎開先の福島から川崎の両親の家に戻ってきましたが、夫・芳夫の行方はわからないまま。

川崎の実家は収入を得る手段がなくなっており、家の周囲には雑草が生い茂っていました。

疎開から戻った嘉子は、息子・芳武を連れて、近所をよく散歩したといいます。散歩するとき、嘉子は「戦友」をつぶやくように歌っていました。

学生時代のようなよく通る朗々とした歌声とは程遠い、うつむくような姿勢で低く抑えた歌声の「戦友」は、幼い芳武が大人になってからも、切ない母の姿として記憶に残り続けました。

戦争が終わっても、先行きのめどが立たず鬱々としていた嘉子のもとに、司法科試験の同期・久米愛が、子どもを連れてときどき訪ねてきました。

久米も戦時中に夫が召集されて岡山へ疎開し、やはり畑仕事をしながら糊口をしのぎました。その後、久米愛の夫は無事に帰還したものの、戦後まもなく４歳の息子を亡くしています。

同じような苦境を味わった久米は、嘉子を励まそうとしてくれたのでしょう。

しばらくすると、明治大学が授業を再開しました。

嘉子は一家の食い扶持を稼ぐためにも、専門部女子部で民法の講師の仕事に復帰します。

相次ぐ肉親の死と、新たな出発

実はそのころ、嘉子の夫・芳夫は戦争で送られた中国で発病していました。戦争が終わった翌年、ようやくほかの病人たちと一緒に帰国船に乗り込みました。しかし帰国した直後、長崎の陸軍病院で危篤状態になってしまいます。そして、妻子と連絡も取れないまま、昭和21年5月23日に亡くなりました。嘉子は芳夫の死に目にすら立ち会うことができず、短い結婚生活は、こうして悲しく幕を閉じたのでした。

当時、筆者の義母の佐賀小里(こさと)は、大学で嘉子の授業を受けていました。夫を亡くした直後の嘉子の様子について、こう語っています。

「ご主人を亡くされた嘉子先生はひどく泣いておられました。泣きすぎたために顔をむくませて学校に来られました。涙で顔が紫色になった人を見るのは初めてのことでした。

そんな嘉子先生の憔悴ぶりは『夫が死ぬと、こんなつらい目にあうのか。それなら私は結婚するまい』と思ったほどでした」

さらに、翌年1月、嘉子の母・ノブが脳溢血により急に亡くなり、それを追うように、10月には父・貞雄が肝硬変により亡くなってしまいました。

戦争中から戦後にかけての3年間で、弟の一郎、夫の芳夫、母のノブ、父の貞雄と、愛する4人の家族を立て続けに失った嘉子。

「相次ぐ肉親の死に、しばらくの間、私は人の身に起こる不幸というものに不感症になっていました。これ以上、自分からとれるものがあるならとってみろ、というふて腐れた態度で、大地にあぐらをかいているような気持ち。この悲しさは他人にわかるものかと、歯を食いしばった思いでいました」(『女性法律家』より)

嘉子を守り慈しんでくれる両親も、支え合う夫・芳夫も、大黒柱的存在だった弟・

一郎も失ってしまい、悲しみにくれました。

そして、嘉子は決意しました。幼い芳武だけでなく、まだ学生だった弟たちを、「丸ごと背負って支えていくのは私しかいないのだ」と。

嘉子が、腹をくくって過酷な人生に立ち向かうことを決意したこのときこそ、嘉子はひとりの人間として、新たな出発をしたのです。

弟と息子を養うシングルマザー

戦後、嘉子は専門学校の教授となりました。けれど教師の給料は安く、弟や息子を養うには到底足りません。

考えられるのは、以前のように学校で教えながら再度弁護士事務所に所属して、弁護士業とのダブルワークでした。

しかし嘉子は、弁護士業の再開には気が進みませんでした。

「学生時代、弁護士は本当に困った人のための正義の味方だと思っていました。しかし実務をやってみると、依頼者のために白を黒と言いくるめないといけないことが多々あることを知りました。その矛盾が、若い私にはとても耐えきれなかったのです。だから、弁護士を一生懸命やろうという気持ちが実はなかったのかもしれない。『本当に正しいことをはっきりさせる仕事がやりたい』と思っていました」

そこで思い出したのが、高等文官司法科試験のときの光景でした。

裁判官と検察官への道である「司法官試補」の採用告知。その応募資格にあったのが、「日本帝国男子ニ限ル」という一文だったこと……。

それを見たときに感じた、同じ試験に合格しながらどうして女性が除外されるのか憤ったあの気持ちが、嘉子の心に蘇ってきました。

女性に応募資格のない「裁判官採用願い」を提出

すでに、日本国憲法が公布（昭和21年11月3日）されていました。

この新しい憲法に男女平等がしっかりと明記されている以上、女性を裁判官に採用しないはずがないと、嘉子は考えました。

意を決した嘉子は、昭和22年3月、霞が関の司法省へ出かけていきます。そして、人事課に「裁判官採用願い」を提出したのです。

この提出は、「男女平等が宣言された以上、高等文官司法科試験に合格している女性を裁判官に採用しない・できない理由はありませんよね?」という嘉子の意思の表明でした。

その堂々とした態度は、弁護士試補だったころ、同僚男性に気後れしてなかなか意見を言えなかった嘉子とはまるで別人だったことでしょう。

そのとき、新憲法の施行が2か月後に迫っていました。

施行後、司法官の採用を男性だけに限ることは憲法違反となります。法を司る機関である裁判所が違憲である行為をするわけにはいきません。

司法省も裁判所も検察庁も、今後女性に門戸を開放すべく手続きを行うことになるのは織り込み済みでしたが、嘉子はその制度が整備される前に、「採用願い」を提出したのです。

嘉子から採用願いを受け取った当時の人事課長・石田和外（かずと）は、どう対応するべきかを、東京控訴院長の坂野千里に相談し、その後の対応を依頼します。

そして後日、東京控訴院で嘉子に面談した坂野は、嘉子にこう諭します。

「裁判官の仕事は、相当な知識と経験を必要とするもので、弁護士から裁判官になるには、ずいぶん苦労するものです。日本に女性の裁判官が誕生するという画期的なことは、新しい裁判所制度のもとにおいてこそ、検討すべき事案です。

今すぐ、あなたが裁判官になることには賛成できない。様々な制度が整うまで、しばらく待つのがよいのではないか」

その当時は、まだ最高裁判所ができる前でした。前身の大審院には事務総局はなく、司法省が直接、裁判官の人事を行っていました。

坂野は嘉子に、「（裁判官採用の人事権を独自に持つ）最高裁判所ができるまで待ちなさい」と説得したのです。

坂野に説得された嘉子は非常に悔しく思います。

しかしその反面、すぐに裁判官がやれるとは言えない、自分の実力のなさが情けなくも感じました。

嘉子に「今すぐ裁判官になること」は諦めるように説得した坂野でしたが、嘉子たち女性の採用をばっさりと拒絶したわけではありませんでした。落ち込む嘉子に、坂野はこう続けます。

「しばらく司法省の民事部で勉強してみてはどうですか」

この年の6月、嘉子は「司法省嘱託」という辞令を受けます。

これまでは裁判官や検察官だけでなく、そもそも官吏に女性が登用されることがなかったことを考えると、嘱託とはいえ官吏と同じ立場で働く機会を得たという点で、嘉子はまた、新たな道を切り開いたといえるでしょう。

明治民法の改正

嘉子は司法省民事部にある、民法調査室に配属されました。この部署は、これまでの明治民法を新しい日本国憲法に沿ったものにするため、改正する作業を行っていました。

明治民法の特徴は、「家」制度が考え方の柱であることです。家族は戸主による命令に従わなければならず、戸主は原則として男性です。女性は婚姻によって無能力者となり、重要な法律行為を行う場合は、夫の同意が必要でした。

結婚した女性が、今の未成年と同じ「無能力者」で、自分だけでは法律行為ができないなんて、現代を生きる私たちにはにわかに信じられないことですが、戦前にはこれが法律によって定められていたのです。

新憲法のもとでは、こうした規定は明らかに憲法違反です。すでに日本国憲法が施行された以上、こうした規定は改正し、「新民法」を成立させなければなりません。

嘉子が民法調査室に入ったころ、終戦から2年後に施行された日本国憲法を受けて、急ピッチで民法の改正作業を進めていた民法調査室の職員たちは、寝る間も惜しんで働いていました。

しばらく法曹界から離れていた嘉子は、目まぐるしい職場の様子をあっけにとられて眺めたといいます。

光り輝いて見えた「新民法」草案

嘉子が司法省に配属された6月には、すでに新民法の草案が完成しつつありました。その草案を読んだ嘉子は驚愕します。

新民法では、戸主や家制度、結婚した女性を無能力者とする規定も廃止。

そして、婚姻の自由や、長男だけでなく全ての子が等しい相続分を持つ相続制度などが、新たに規定されていました。

これらは、当時の人にとっては驚くべき内容だったのです。

嘉子は、条文の文字が光り輝いて見えたといいます。

「女性が家の鎖から解き放たれ、ひとりの自由な人間としてすっくと立ちあがったような思いがして、息をのみました。

授業で初めて（旧）民法の講義を聴いたとき、法律上の女性の地位があまりにも低く、みじめなのを知って、地団駄踏んで悔しがっただけに、何の努力もなくこのような素晴らしい民法ができることが夢のようでした」（『女性法律家』より）

同時に、嘉子は以前とは全く違うこの民法に不安も抱きます。

「あまりにも男女平等であるために、女性には今後、厳しい自覚と責任が要求されることもわかりました。

でも、果たして現実の日本の女性がみな、それに応えられるだろうかと考えると、恐れにも似た気持ちをもったものです」

獲得した男女平等の自由を手放しで喜ぶのではなく、その自由を享受するには、責任と自覚がついてまわることに、法律家である嘉子は気がついていたのでした。

新民法の草案が完成しても、法案の成立には時間がかかりました。

占領下の日本では、法律の作成にはGHQの承認が必要でしたが、GHQの法務局はあらゆる法律の改正作業に追われていたため、民法にまですぐには手がまわらないというのが実情でした。

その後、法案のままだった新民法全体がなんとか成立し施行されたのは、日本国憲法が施行された翌年の、昭和23年1月のことです。

最高裁判所の発足、「民事局局付」に

嘉子が司法省民事部に嘱託として配属された年、最高裁判所が発足しました。最高裁判所には事務局が作られ、独自に人事を行うことができるようになりました。

嘉子は昭和23年1月（奇しくも新民法が施行したと同時期）に、司法省から最高裁判所民事局へ移り、民事局の「局付」となります。

嘉子は、最高裁判所の発足後すぐに現場の裁判官に登用されなかったことに不満を感じましたが、この結果、嘉子は戦後の新しい法律や家庭裁判所の誕生に関与することになりました。

これは、嘉子の今後の法律家としてのキャリアに多大な影響を与えました。

待ち焦がれていた、家庭裁判所の誕生

ところで裁判所は、勝ち負けを決める「裁判」だけでなく、話し合いによりお互いが合意することで紛争解決をはかる「調停」も扱います。

新しい家事調停は、昭和23年に作られた「家事審判所」という組織で行われましたが、新設された全国の家事審判所はどこも独立した庁舎がなく、地方裁判所の一室などを間借りしていたとのことです。

またそのころは、戦災孤児が全国にいました。

一般庶民でも食料や生活物資が困窮し、経済や秩序さえ混乱状態に陥っていた当時、保護してくれる大人が誰もいない孤児らの中には、生きるために盗みを繰り返すものもおり、孤児らの保護はもちろん、罪を犯した少年の処遇についての国の施設（少年審判所・少年院）はオーバーフローをきたしていました。

戦後すぐは、「家事」においても「少年」に対しても、国は対応しきれていなかったのです。

こうした状況のなかで、以前までは別々だった「家事審判所」と「少年審判所」を統合した「家庭裁判所」が誕生します。

嘉子は、裁判所に「家庭」の名がつけられることを喜びました。「家庭」という名は、女性や子どものための裁判所であるという意味も込められているからです。

そのころも続けていた明治大学での授業の合間に、嘉子は学生たちに、これから家庭裁判所という新しい裁判所ができることを伝えます。

「家庭裁判所ができたら、きっと素晴らしい時代が始まるのよ！」

熱を込めて語る嘉子の笑顔は、学生の胸に深く刻まれたことでしょう。

昭和24年1月1日、全国49か所に家庭裁判所が新設されました。

そして、嘉子は最高裁判所「家庭局局付」という新たな辞令を受けました。

4階建ての5階、屋根裏にある「家庭局」

そのころの最高裁判所は、現在の法務省の前身である法務庁の隣に並んで建っていました。

空襲で全焼した大審院の建物を改装したもので、外観こそ赤レンガ造りの重厚なものでしたが、部屋のあちこちは隙間だらけで焼け焦げた跡もそのまま。内装の一部はベニヤ板を張りつけただけで、冬には冷たいすきま風が吹き込みました。あまりの寒さに職員たちは冬になるとコートを着たまま仕事をしていたといいます。

嘉子が配属された「家庭局」は、4階建ての最高裁判所の「5階」という場所にありました。要するに、4階の上にある屋根裏が、新設の「家庭局」にあてがわれたというわけです。

ほかの部屋以上にすきま風がひどく、天井は斜め、というこの部署で、シングルマザーの嘉子は、熱意のある同僚たちと仕事に邁進します。

「和田さんはいつも大きな風呂敷包みを持って通勤しておられました。当時、小さなお子さんを抱えての生活は大変だったようです。

しかし、そんなそぶりは言葉にも態度にもなにひとつあらわされることなく、あのかわいい丸ぽちゃの顔に、いつもほほえみをたたえながらよく動いておられました」と当時の同僚である八島俊夫は語っています。

初代家庭局長の宇田川潤四郎は、局内で議論を闘わせながら生み出した「家庭裁判所の五性格」と呼ばれる基本理念を、全国の長官・所長の前で発表しました。

・従来の地方裁判所から独立した裁判所となる「独立的性格」
・真に親しみのある国民の裁判所としての「民主的性格」
・家事裁判、少年裁判とも科学的処理を推進する「科学的性格」
・真摯な教育者としての自覚を持たなければならない「教育的性格」
・各種機関との緊密な連携を保つ「社会的性格」

宇田川の発表内容は、戦前の裁判所の姿勢とは異なっていました。

そのため、それを聞いた人の中には、「家庭裁判所など潰してしまえ」と公言する者までいたのだとか。

旧体制、旧法のもとで法律家として働いていた人たちにとって、「親しみのある国民の裁判所」や「真摯な教育者」と書いている宇田川の理念は、簡単に受け入れられるものではなかったのでしょう。

そんな逆境のなか、理念を全国の家庭裁判所で実現・浸透させるべく家庭局の嘉子らは身を粉にして働きました。

宇田川の強い意志と、嘉子ら家庭局職員の尽力により、雑誌を2種類定期刊行するなど、いくつかの新たな試みもなされました。雑誌では、裁判官、調査官、調停官、調停委員、さらに広く少年鑑別所職員や少年院教官なども参加した座談会での議論を掲載しています。

設立間もない家庭裁判所がより社会で役立つための知恵を関係機関が集まって共有する狙いがありました。

これは、地方裁判所や高等裁判所では見られない、家庭裁判所独自の取り組みでした。

風当たりが厳しい家庭局への理解者

最高裁判所の中には、新設の家庭局を軽んじ、次々に打ち出す新たな取り組みに、冷ややかな反応を示す人もいました。

しかし、そんな中にも家庭局への理解者がいました。それは、初代最高裁判所長官の三淵忠彦と、秘書課長の内藤頼博です。

三淵忠彦は、40代の頃、裁判官を退官して弁護士になっていましたが、戦後の司法の大改革で最高裁判所が設立される際、初代最高裁判所長官となった人です。

生みの苦しみとなった家庭裁判所の誕生に立ち会った嘉子と、それを応援した三淵忠彦は、理解ある最高裁判所のトップとそれに感激する職員という立場でした。

のちに、三淵忠彦の息子・乾太郎（けんたろう）が嘉子と再婚することになるのですが、それはまた、もっとあとの出来事です。

第６章

母として、
働く女性として

――法を司る裁判官の責任を自覚

屋根裏部屋の懇親会

日中は熱心に働きながらも、家庭局の職員らは夜になるとよく懇親会を開いていました。

まだまだ物資不足な時代ではありましたが、焼酎や日本酒を持ち寄り、ときには上司によるウィスキーの差し入れなどもあったそうです。

宇田川局長のもと、一致協力して働く嘉子ら職員にとって、屋根裏部屋での懇親会は大きな楽しみでした。

懇親会の定番のお楽しみは、交代で歌を歌うことでした。嘉子はここでも自慢の歌声を披露しています。

嘉子の十八番は、「リンゴの唄」と「モンパパ」。

澄んだ歌声でほがらかに歌い上げる「リンゴの唄」は、みなが自然に手を叩いて最後は声をそろえて合唱となり、会の雰囲気を大いに盛り上げました。

一方の「モンパパ」は、しんみりとした歌詞にふさわしく、少し哀調を帯びた歌声で切々と歌い上げ、その嘉子の声は、聴く人の心に強く刻まれたのでした。

東京家庭裁判所の完成

昭和24年の春、東京家庭裁判所の建物が完成しました。その建物は、戦前の裁判所のイメージとは全く異なるものでした。

木造2階建ての各部屋には大きな窓が設けられ、正面の入り口脇にはタイル張りの噴水があしらわれていました。

敷地内に花壇があったり、中庭にはニワトリが放し飼いにされていたこともあったそうで、雰囲気は裁判所というよりも小学校の校舎に近かったようです。

のちには、正面玄関前にブロンズの「母子像」も設置されました。

昭和24年に最高裁判所判事に就任していた、明治大学の恩師でもある穂積重遠は、東京家裁の新庁舎落成のイベントで記念講演を行いました。

その中で、東京家庭裁判所は、敷居を高くせず人々が抵抗感なく訪れられるよう配慮した、と述べています。

落成式には宇田川や嘉子をはじめ、家庭局のメンバーも出席したとのことで、屋根裏の粗末な部屋で彼らが熱心に構想した「理想の裁判所」の設立に、みな感慨無量だったことでしょう。

ハンドブックや無料相談で、普及活動

新・東京家庭裁判所の落成と同時に、家庭裁判所を広く市民に知ってもらうための「家庭裁判所普及会」が設立され、全国で創設記念週間が企画されました。嘉子は、その事務局を担当。

普及会には、日本初の3人の女性弁護士の一人で、友人の久米愛も参加しました。

ポスターやハンドブックを全国で配布したり、無料相談や説明会などを多数実施。

東京では日本橋三越本店、銀座三越、上野松坂屋などで出張家庭相談が行われました。裁判所がデパートに出張相談所を開設するというのは、前代未聞の画期的な試みでした。

こうした普及活動によって、困った人が相談にやってくるのを待ち構えて上から裁定を下す従来の裁判所とは違い、人々に歩み寄って困りごとを一緒に解決していこうとする新しい家庭裁判所のあり方が広まったのか、毎朝、開庁時間になると東京家庭裁判所の入り口は、多くの女性が列をつくったそうです。

嘉子は『法律のひろば』という当時の法務庁の雑誌に、家庭裁判所をこのように紹介しています。

「いま、地方裁判所を『正義の裁判所』とすれば、家庭裁判所は『愛の裁判所』ということができましょう」

嘉子の家庭裁判所への深い思いが、目に見えるようです。

本場の家庭裁判所視察にアメリカへ

昭和25年、嘉子は当時最先端であるアメリカの家庭裁判所を視察するために渡米します。

戦争が終わってまだ5年しかたっていません。

戦時中は敵国で、戦後は日本を占領していたアメリカへ行くことになったと聞いて、家族も周囲も驚き、心配します。

約3か月の渡米中、当時小学校2年生だった息子の芳武は、弟の武藤輝彦夫婦に預けられました。

シアトルやニューヨークなどの家庭裁判所や、保護観察施設などを、精力的に視察してまわりました。

嘉子は米国の家庭裁判所の実際を学びつつ、先頭に立って活躍する女性裁判官の様子を驚きの目で見ていました。

女性法律家の組織「日本婦人法律家協会」を設立

アメリカ視察から帰国して間もなく、嘉子はメアリー・イースタリングという女性弁護士に会うように言われます。

会いに行くと、そこには数人の日本人女性法律家が集まっており、同期の久米愛の姿もありました。

イースタリングの提案は、「アメリカと同様に、日本でも女性法律家の組織を設立してはどうか」というものでした。

そのころは、日本の女性法律家といっても、戦前に嘉子らが初合格した高等試験司法科に通った女性は少なく、お互い知った顔ぶれでした。

イースタリングの提案に同意した彼女らは、在京の法律家10人ほどで「日本婦人法律家協会」を発足しました。

初代会長は久米愛、副会長は嘉子、書記は野田愛子になりました。後に、嘉子も会長を引き継いでいます。

この集まりは「協会」とはいっても、当初は若い女性法律家たちの交流の場といった趣でしたが、国際女性法律家協会にも加盟し、国連に代表が出席できるNGO資格も得ました。

この協会は、政治活動はしないのが原則でしたが、最高裁判所が「女性をあまり裁判官に採用したくない」という態度をとったときには、協会の名前で抗議文を出しました（昭和33年、昭和45年など）。

久米愛や嘉子などが最高裁判所の人事担当者と会って、女性を採りたくない理由を問うたり、最高裁判所の長官や検察庁の関係者と昼食会を持って、なごやかに食事をしながら「女性の実力は、実力のとおりに評価していただけますよね」といった話をしたりもしたといいます。

この日本婦人法律家協会（現・日本女性法律家協会）は、現在約９００人の会員数となっています。

協会は、講師や法律相談担当者の紹介・派遣を行ったり、各研究部会において時宜に合ったテーマを勉強・議論し、意見書・要望書の提出等を行っています。

「お決まりのルート」を恐れ、家庭裁判所を離れる

日本婦人法律家協会が発足したのと同じころ、最高裁判所長官を囲む座談会が行われました。

このときの最高裁判所長官は、初代の三淵忠彦ではなく、2代目の田中耕太郎。座談会には、嘉子も招かれていました。

ここで嘉子は、新長官である田中の言葉に耳を疑います。

「女性の裁判官は、女性本来の特性から見て、家庭裁判所の裁判官がふさわしい」

これは嘉子にとっては同意できないものであり、すぐにその場で反論します。

「家庭裁判所裁判官の適性があるかどうかは個人の特性によるもので、男女の別に決められるものではありません」と。

長官に、面と向かって違う意見を言うことは、大変勇気がいることでした。

しかし、「女性裁判官は家庭裁判所裁判官に」という、新たな最高裁判所長官の考え方を嘉子は危ぶみました。

嘉子自身、新憲法下での家事審判法の制定をはじめ、家庭裁判所の立ち上げにも加わりました。

アメリカの家庭裁判所を現地で視察してきたばかりで、意義も感じていましたし、女性や子どもを支える家庭裁判所への思い入れはひとしおでした。

田中はそんな嘉子の能力や経験を買って、家庭裁判所の専門家に育てようと考えたのかもしれません。

嘉子は、自分だけのことを考えれば、家庭裁判所に今後も携わって、その道の専門家になることもやぶさかではなかったはずです。

しかし嘉子は、あとに続く後輩の女性裁判官たちの行く末を案じました。

「このまま自分が家庭裁判所の専門家になったら、女性裁判官のルートは家庭裁判所だけに狭められてしまうのではないか」と心配したのです。


そこで嘉子は、一度家庭裁判所を離れ、まずは法律によって事件を解決することを基本とする訴訟事件を扱う裁判官としての修業を積みたいと、あえて地方裁判所への異動を希望しました。


日本の女性裁判官第一号は、石渡満子です。石渡は戦後、司法試験に合格し、昭和24年４月に裁判官になりました。

それから４か月遅れて、嘉子は裁判官になります。

裁判官を志してから、２年の月日が流れていました。嘉子は東京地方裁判所の民事部に配属されました。

女性であることに甘えない

嘉子はのちに、女性の裁判官について、『女性法律家』にこのように書いています。「地方の裁判所の中には女性裁判官を敬遠するところも少なくありませんでした。とくに少人数の裁判所は、女性裁判官は十分に活用できないからと歓迎しなかったようです。

初めて女性裁判官を受け入れる側は、女性に対するいたわりなのか、例えばやくざの殺人事件や強姦事件等を女性裁判官に担当させることははばかられると感じたようで、女性裁判官は男性裁判官と同じようには扱えないと思うようでした。

これは従来の女性観から見れば無理のないことかもしれません。

しかし、どんなに残酷な殺しの場面でも、また羞恥心を覚えるような性行為の光景にしても、いったん職務となれば感情を乗り越えて事実を把握しなければ一人前の裁判官ではありません。

女性裁判官はそれを当然だと受け止めていたにもかかわらず、周囲は勝手にうろたえていたように感じます。

女性が職場において十分に活躍できない原因のひとつには、この男の女への優しいいたわりからくる特別扱いがあります。

女性裁判官だけでなく、女性検察官や女性弁護士に対しても、初期には男性側が必要以上にいたわりの心遣いをしました。

しかしそれこそが、『女性法曹は扱いにくい』と思わせていた理由ではないでしょうか」

当時、ほとんどいなかった女性裁判官が、男性ばかりの職場でどのように扱われ、いかに仕事がしにくかったかがうかがえます。

これは裁判所や法曹界だけでなく、戦後まもなく社会進出して働きはじめた女性たちが負った苦労だったことでしょう。

嘉子は続けて、女性に対しても厳しい言葉を投げています。

「職場における女性に対しては、女であることに甘えるなと言いたい。

また、男性に対しては職場で女性を甘えさせてくれるなと言いたいです。

私が東京地方裁判所に裁判官として配置されたとき、裁判長が最初に言われたことは『あなたが女であるからといって特別扱いはしませんよ』という言葉でした。

その裁判長は、私の裁判官生活を通じて最も尊敬した裁判官でした」


敗戦後に発布された日本国憲法に沿った形で改正された新民法の草案を読んだ際、それまで軽んじられてきた女性の地位が男性と平等になり、自由を実感した嘉子。

しかし同時に、それを行使する権利を得たということは、厳しい自覚と責任も必要であることを痛感した、嘉子の気概を感じます。

面倒見のいい先輩

東京地方裁判所に勤務していたころ、新しい裁判官の歓迎会がありました。

歓迎された新入りの裁判官の中には、井口牧郎という男性がいました。彼はその歓迎会で悪酔いしてしまいます。会が終わったころには立てないほどだったといいます。ほかの職員が次々に帰っていく中、足腰の自由を失った井口は周囲に助けを求めることもできず、大いに困惑します。

そんな井口に気がついて助けたのが、嘉子でした。

庁舎を出て日比谷公園を横切り、地下鉄の駅がある日比谷交差点近くまで、ほとんど嘉子に背負われるようにして連れて行ってもらったのです。

やせてはいるけれど背がひょろりと高い井口が、嘉子に背負われて歩く様は井口自身が「まるでらくだの歩く姿そのものであったのではなかろうか」と回想しています。

面倒見のよいところは、幼いころの弟たちの世話に始まり、明治大学で講師をしていたときに女子学生のおしゃべりに付き合ったり、ときには靴を買いに横浜まで行く女生徒に付き添った嘉子のまま、生涯変わることはありませんでした。

激しい気性の母の顔

しかし、一人息子の芳武に対しては、こまやかになにくれと面倒を見る余裕まではありませんでした。息子を養うだけでなく、弟たちの学費を賄うために必死で働いていたこともあり、芳武は寂しい思いもしたようです。

芳武は当時、成城にある玉川学園の小学校に通っていました。日本で最も自由といわれるような学校でしたが、芳武はそこですらはみ出すありさまでした。

頭の回転が速く賢い子ですが、枠にはまるのが大嫌い。学校の授業中にふらりと外に出て虫取りに行ってしまうような自由人タイプでした。


そんな芳武が、自身が小学生のころの母・嘉子について語っています。

「そのころ僕たち親子は、母の弟である輝彦夫妻と一緒に住んでいました。

昼間、裁判所に行っている母の代わりに、輝彦の妻の温子(はるこ)さんには、とても世話になりました。音痴で学校の音楽の授業でもまともに歌えない僕のために、おばさんはオルガンを弾いて僕に歌の練習をさせてくれました。
小学校２年生（昭和25年）のころ、母がアメリカに少年法の実施状況の視察に行き、半年ほど留守にしたときは、おばさんがいてもやはり寂しかったです」

小学生だった芳武が忘れられない母との思い出は、嘉子の母親としての一面を物語っています。

芳武が学校に着ていくレインコートをなくしたときのことです。
まだ物がない時代、大事なものがなくなって、嘉子はよほど悔しかったのでしょう。芳武を烈火のごとく叱りつけました。

芳武に向かって、「どこに忘れたの？　言いなさい！」と大変な剣幕で怒鳴るのですが、レインコートをわざと置いてきたわけではない芳武はどこに忘れたのかさっぱりわかりません。

それでも、「白状するまで許さない」と、嘉子は芳武に迫ります。恐れをなした芳武はとっさに適当な場所を答えてしまったのです。

後日、小田急線の電車に忘れていたことがわかりました。営業所からレインコートが戻ってきたのです。

すると、適当に別の場所を答えた芳武を、母は「うそつき！」となじりました。幼い芳武は母を理不尽だと感じたといいます。

覚えていないことを強引に答えさせたくせに、苦しまぎれで言ったその答えが間違っていたら「うそつき」と決めつけるなんて、と。

芳武から見た母は、思い込みが激しく、気性の激しい人でした。

もちろん嘉子は、一人息子を愛していました。嘉子は同僚に、芳武が毎日電車の踏切を渡って通学しなければならないのがとても嫌なのだと語った後、「でも、事故のことは考えないことにしているの」と話していたそうです。

別の同僚には、夫・芳夫を亡くした際の思いを吐露しています。

疎開先には夫の所在についての連絡がほとんどなく、面会もできないまま戦病死してしまった夫について話した後、「長崎の病院で生死をさまよっていたとき、私は何も知らずに大騒ぎでノミを取っていたのよ（疎開先の家はノミだらけだった）……」とつぶやいて、涙を流したといいます。

しかし息子・芳武には、そんな弱気な顔を決して見せることはありませんでした。「母が父を亡くした悲しみを僕に話したり、悲しむ姿を見せることは一度もありませんでした。母は子どもに寂しいとか悲しいなんて言いません。仕事を持つ女性ですから。いつも闘って生きています。弱音は決して吐きません」

夫を亡くしたあと、自分が息子を育て上げようと決意してずっと気を張り続け、子どもの前では涙さえ見せなかった嘉子。弱音を吐かず、周囲に気を配り、頑張ってきました。

しかし、ときに激しく理不尽に怒り出すことも、自我が強い嘉子の一面だったのかもしれません。

裁判の当事者にカミソリの刃を向けられて…

裁判官としての嘉子が、危険な目にあうという事件も起こりました。

法廷での審査が終わりトイレに入った嘉子は、その日の裁判の当事者だった高齢の女性に、洗面台でいきなりカミソリの刃を向けられました。

驚いて声をあげた嘉子に気がついて駆けつけた警備員にその女性はすぐに取り押さえられたので、幸いケガはありませんでしたが、嘉子はこの出来事にひどく悩みます。

「やっぱり女性には裁判官なんて無理じゃないのか」という評判を起こしかねないのでは……と。

周囲の裁判官仲間は「それは思い過ごしですよ」となぐさめましたが、嘉子は思いつめていました。

この日の夜、嘉子は家庭局で上司だった内藤頼博の自宅に相談に行きます。

内藤は「和田さんもとんだ災難にあったものだ」と同情しましたが、嘉子の思いつめぶりは尋常ではありませんでした。

カミソリをつきつけた相手を、責めたり怖がっていたわけではありません。「当事者をそういう気持ちにさせた私自身が、裁判官としての適性を欠くのではないか」と考えていたのです。

裁判の当事者が自分の主張が通らない、思うようにいかないいらだちから、裁判官に怒りの矛先を向けることもあり得ることです。

しかし、嘉子はこの出来事に、自身の裁判官としての資質についてまで思いつめてしまったようです。

内藤と嘉子はこの日、深夜になるまで「法を司る者が負う宿命」や「裁判というものの悲劇性」について、語り合ったのでした。嘉子の、職に対する真剣な姿勢がうかがえます。

第７章

地方転勤と再婚

——名古屋での出会い、新しい家族との生活

名古屋に赴任。「長官よりも有名な裁判官」に

裁判官は、最初に「判事補」に任命され、10年の実務を経験して「判事」になります。

裁判官として勤務を始めてから実質3年ほどしかたっていませんでしたが、嘉子の実務には弁護士だった期間も参入されたため10年とみなされ、昭和27年、判事になりました。

これは裁判官として一人前になったということです。

そして、嘉子は名古屋の地方裁判所へ転勤になりました。

当時、東京で勤務していた裁判官は、判事になるタイミングで地方へ転勤するのが通例だったとのことです。

「女性裁判官は家裁へ」という田中長官の考えにNOを突きつけたのと同じように、嘉子は、「女性だから」「母子家庭だから」「子どもがいるから」という理由で、転勤

を免れるような特別扱いは、あってはならないと思っていました。

全国初の「女性判事」が名古屋にやって来る、というニュースは地元で大きな話題になりました。

名古屋地裁に嘉子が着任したときには、駅前の電光掲示板にも着任の報が流れたといいます。

着任後はいろいろなところから声をかけられ、講演を行うなど引っ張りだこ。

嘉子は着任早々、名古屋では時の人となり「長官よりも有名な裁判官」になったのでした。

名古屋に転勤することになって最初に困ったのが、まだ小学生だった芳武の世話です。

東京では、同居の輝彦夫妻になにかと面倒を見てもらっていましたが、名古屋には芳武を託す知り合いがいません。

そのため、嘉子は郁子さんという若いお手伝いさんを頼み、住み込みで芳武の世話と家事をお願いすることにしました。

6畳2間の官舎で嘉子と芳武、郁子さんの3人で暮らしはじめます。

名古屋での出会い、東京に戻り再婚

名古屋時代、嘉子の人生に大きな転機が訪れます。

息子の芳武の記憶によると、ある日、嘉子と芳武、そしてある男性の3人で名古屋の動物園に出かけたそうです。

そのお相手が、のちに再婚相手となる三淵乾太郎だったようです。乾太郎は、初代最高裁判所長官の三淵忠彦の長男でした。

そして昭和31年5月、嘉子は名古屋から東京に戻ってきました。

勤務先は以前と同じ、東京地方裁判所です。

嘉子が東京に戻ってきたころのことを、裁判官として同僚だった高野耕一は語っています。

「ときどき和田さんがお帰りになる時刻に、判事室を訪ねてくる長身痩躯の英国風紳士に気づきました。

おふたりの親密さはどう見てもただごとではありませんでしたが、私が見るに、その紳士の方の思い入れは、はるかに和田さんを上回っていたようでした。

和田さんもまんざらではなかったようで、うれしそうに連れだって帰って行かれました。

私は心中ひそかに、あの紳士は何者かといぶかっておりましたが、何かの折に、『あれが最高裁の調査官の三淵乾太郎さんだよ。おふたりはやがて結婚するのだ』と聞かされました」

乾太郎が先に嘉子に惚れ込んだのは事実のようで、乾太郎は初め、同僚に「あの和田君がぼくのところへなんかきてくれるもんですか」と言っていましたが、やがて再婚に至りました。

ふたりは昭和31年8月に結婚しました。

乾太郎は49歳、嘉子は41歳で、互いに再婚でした。

前夫の芳夫が亡くなってから、10年の歳月が流れており、息子の芳武は13歳。麻布中学の2年生になっていました。

一方の乾太郎は、明治39年12月生まれ。前妻の祥子（よしこ）との間に4人の子がいましたが、祥子は病気で亡くなっていました。

乾太郎の子どもは、長女の那珂（なか）、次女の奈都（なつ）、三女の麻都（まつ）、そして長男の力（ちから）です。

長女・那珂が裁判官の八木下巽（ゆずる）と結婚した直後に、乾太郎は嘉子と再婚しました。

三淵の家には、次女・奈都（21歳）、三女・麻都（18歳）、長男・力（14歳）が残っていました。

この家に、嘉子は芳武を連れて同居することになったのです。

夫の連れ子たちとの摩擦

嘉子と三淵の家の子どもたちの間には、かなり摩擦も起こったようです。

表立って父・乾太郎の結婚に反対する声はありませんでしたが、新しい母としての嘉子には、いろいろと思うところがあったのでしょう。

最も年少だった長男・力は、嘉子が亡くなったあとに、このように書いています。

「ひと言で言えば猛女でした。

一人息子の芳武を連れて嫁いできたとき、継母(嘉子)はいわば敵地に乗り込む進駐軍、といった気持ちだったのでしょう。

昨日は仲睦まじかったと思えば、今日は言い争いといったふうに波乱が起き、我が家は平穏とはとても言い難い状態でした」

夫・乾太郎の子どもたちの中で、最も激しく嘉子とぶつかったのは、結婚して外に出ていた、長女の那珂だったようです。

「私は（嘉子は）継母だという感覚はまったくありません。『父の連れ合い』だと思っていました。

（嘉子は）親身になって人の相談に乗りました。ですから他人にとってはよかったでしょう。

しかし母は、ひとりよがりの自分の正義で、憤慨することがありました。身内としてはつきあいにくかったですね」

と、嘉子が亡くなったのち、那珂が筆者に述べています。

嘉子の押しの強さや、自分たちに嘉子の「正義」を押し付けてくることに、辟易していたのかもしれません。

また、すでに結婚して同居していなかった那珂が嘉子と激しくやり合ったのは、家に残した3人の妹・弟たちを、嘉子のプレッシャーから守ってやらねば、という気持ちからだったのかもしれません。

嘉子の実子の芳武から見ても、目に余ることがあったようです。

あるとき、嘉子が那珂と電話で言い争ったことがありました。

すっかり興奮して、筋の通らないことを電話口で言っている母を見ていた芳武が、思わず母に「やめろ！」と怒鳴って、電話を終わらせたこともあったといいます。

嘉子が身内に自分の正義を押し付け、ときに激しく理不尽に怒り出す様子は、芳武が幼いころに叱られた思い出に重なります。

しかし、夫・乾太郎の子どもたちも、嘉子に悪意はなく、気性が激しいだけだということは理解していました。

後年は関係も良好になったようで、長男・力の夫妻とは一緒に金沢に旅行していEます。

三女・麻都は嘉子が病気に倒れた際、献身的に看病し、料理に文句をつける嘉子のわがままさえ愛しく感じていたとのことです。

新しい夫、乾太郎との暮らし

再婚後、すべてが順調に運んでいたわけではないものの、夫・乾太郎とは、夫婦仲むつまじく暮らしていました。

嘉子は、日常の家事は住み込みのお手伝いさんに任せ、時間があって気が向いたときにお料理をする程度。

休日には、乾太郎と共通の趣味だった絵や焼き物の展覧会を見に行ったり、ふたりで旅行にも出かけていました。

ゴルフもふたりの共通の趣味で、長女・那珂によると「父は理屈でやるゴルフ、母は力で飛ばすゴルフ」だったそうです。

嘉子の実子・芳武は、筆者に、「母は初めての女性の法曹の一人で、男の社会で戦っていました。安心して全てを話し、相談できる夫を得ましたから、幸せでしたね」

と語りました。

しかし芳武は、母の再婚後も、ずっと和田姓を名乗り続けていました。

第 8 章

初の女性裁判所長に

——法曹界内の女性差別に敢然と抗議

再婚後、家庭裁判所の裁判官として

嘉子と乾太郎は仲が良かったとはいえ、お互いに転勤がある裁判官なので、ずっと一緒に暮らすことはできません。

最初は目黒の官舎に家族で住んでいましたが、その後は東京と甲府、浦和と新潟がそれぞれの任地となり、別居の時期も長かったようです。

再婚後の昭和31年12月から、嘉子は東京地方裁判所と東京家庭裁判所の判事を兼務し、昭和38年4月からは、東京家庭裁判所へ異動となります。

これは以前、先輩である嘉子が家庭裁判所に行けば、その後も次々と後輩の女性裁判官が家庭裁判所に送られることになるだろうと思い、嘉子が避けた道でした。

しかし今度は、ほかの女性裁判官らとも励まし合って、家庭裁判所の仕事に取り組みました。家庭裁判所では、離婚・相続などの家族の紛争や、少年事件を扱います。

戦後の混乱がしずまったあと、いったんは少年犯罪は減少していました。ところが昭和30年代になると、暴行・傷害などの少年犯罪が増加し、「少年法は甘い」「少年の厳罰化が必要だ」といわれ、少年法の対象年齢を20歳未満から引き下げようとする動きも出てきていました。

嘉子が家庭裁判所に戻ったのは、このようなタイミングでした。

弁護士の堀越みき子は、非行に走って家庭裁判所に送られてきた少年が入室してきたときのことについて、こう書いています。

「瞬間、三淵先生はいともさりげなく、左手薬指にはめていらっしゃった指輪をクルッと回転させて手のひらの側に移動させ、宝石を少年の目に触れさせないようになさいました」

このように、嘉子は家庭裁判所では細かい気づかいをしていました。

嘉子が直接顔を合わせて審判した少年少女は５０００人を超えたといいます。

家庭での嘉子の素顔

家庭での嘉子は、職場とは違い、感情をむき出しにすることがありました。

勝負事には人柄が出るものです。

嘉子の素顔は、マージャンをするときによく表れたと、息子の芳武は、筆者にこう語りました。

「僕の友人が遊びに来たとき、マージャンをやりました。父の乾太郎、母の嘉子、友人と僕の４人でした。

嘉子はマージャンを必死でやります。母が高い点の手を狙っているとき、僕が安い手で先に上がってしまいました。

すると、母は烈火のごとく怒りました。

そして僕に、『この親不孝者!』と、怒鳴るのです。僕は母が怒るのには、慣れています。

しかし、友人は、すっかりビビッていました」

乾太郎の末っ子の力も、嘉子について、こう書いています。

「継母は持ち前の馬力で、進駐した我が家の支配権を掌中にし、娘達を嫁に出し、二人の息子もどうやら育てた。そして、仕事をした。

仕事ぶりがいかに凄まじいものであったかは、おおよそこの追想文集でご判断いただきたい。私は婦道記になぞらえて、子育てと仕事を立派にこなした継母を美化するつもりは全くない。

むしろ、仕事があったからこそ、家庭をなんとか世間並のレベルで保てたのだろうと思う。

生きる事にあれほど熱心であり、ひたむきであった継母の昔日を想うと、専業主婦であったなら、複雑な構成の我が家は、多分、崩壊したのではなかろうか。

自己に対するゆるぎない信頼があって、継母は、つねに我が家の正義であった。

継母のミスを指摘し、糾弾することは、大変な勇気のいることであった。

継母と麻雀を闘った人達はそのことをよく知っている」（『追想のひと 三淵嘉子』より）

裁判人事の女性差別

昭和47年6月、嘉子は新潟家庭裁判所の所長になりました。

新聞は「わが国で初めての女性の裁判所長が誕生」という見出しで、これを報じました。

ところが、その1か月後の昭和47年7月。

修習生への任官説明会で、最高裁判所人事局長の矢崎憲正は、女性差別にあたる発言をします。

「最高裁判所は女性を採用しないということはないが、歓迎しないのも事実であり、年長者や女性に関しては、裁判官への志望を再考するように助言する」と。

これは、嘉子ら女性裁判官が切り開いてきた道を狭めかねない問題でした。

そこで、日本婦人法律家協会（現・日本女性法律家協会）は、矢崎の発言について抗議する内容の要望書を出すこととしました。同協会の会長・久米愛と、副会長の嘉子が、その要望書を出しに最高裁判所に出向きます。

要望書を出す際の嘉子は、「非常ににこやかではあるが、整然と抗議の意思を伝えたので、心強かった」と久米愛はそのときのことについて語っていたそうです。

嘉子自身、自分の人事権を握っている最高裁判所に抗議するのは、非常に勇気がいることだったでしょう。しかし嘉子は、穏やかな態度ではあるものの、言うべきことをはっきりと口にしたのです。

激しく強硬に自分の意見を主張するのではなく、礼節を保ち、しなやかに、しかし決して折れずに自分の主張を伝えられるのは、嘉子の賢さと強さによるものでしょう。

昭和51年には、司法研修所の宴席で、教官らが女性修習生に「男が命をかける司法界に女が進出するのは許せない」などという発言をしました。

この一件は新聞報道もされ、筆者も当時、「今の時代に、司法研修所の教官などがこんなことを言うのか」と驚いたことを記憶しています。

嘉子も、裁判所の関係者のこの差別発言には、怒りました。

このときは、女性弁護士らによる強い抗議の動きもあって、最高裁判所の人事局も、ようやく収束に動きました。

このように、法曹界でも女性に対する排除意識は根強いものがあったのでした。

日本初の女性裁判所長に

嘉子は新潟家庭裁判所の所長に任じられ、全力で所長の大役をこなしました。

当時、新潟家庭裁判所の事務局にいた永井茂二は、嘉子から、「職員はだれでも良いところがあり、その人の持ち場を考えた人事をやりたい」と言われたと書いています。

また、嘉子は家庭裁判所などからの講師派遣を積極的に推し進め、その先頭に立って、平均すると月に2回、多い月は3~4回も、自ら講演をしに出かけました。

一方、プライベートでは、嘉子は1年4か月半の新潟在任中に、新潟県内の名所旧跡や各地の祭事のほとんどを見に出かけたそうです。

局内の職員に案内を頼むこともなく、単身で身軽に観光を楽しみました。

そしてときおり、別居していた夫の乾太郎も新潟に来て、いっしょにまわったといいます。遠く離れて暮らしていても、乾太郎と嘉子夫婦の仲は円満でした。


昭和48年11月、嘉子は次に、埼玉県の浦和家庭裁判所の所長になりました。

浦和でも職員たちに慕われましたが、ここでは、裁判所の外でも少年育成に携わる人たちと交流を持ちました。


埼玉婦人少年室の室長と県の母子福祉センター所長（ともに女性）とも仲良くなりました。

3人で楽しく食事をしていると、その店でマイクをまわして歌っていた若いＯＬの一人が「おばさんたちも歌ってよ」と突然、話しかけてきました。

ほかの2人は一瞬たじろぎましたが、嘉子は気軽にマイクを受け取り、宝塚歌劇団のテーマソングともいうべき「すみれの花咲く頃」を可憐に楽しそうに歌いました。嘉子が女性法曹の大物とは知らないOLたちは「いい歌！　おばさま、うまいじゃない」と言ったそうです。

そして嘉子は、昭和53年1月から横浜家庭裁判所の所長となり、定年退官までの1年10か月間を過ごします。

着任後に嘉子は、横浜の家庭裁判所の調停室の壁が薄汚れているのを見て、真っ白に塗り替えさせ、壁に絵を掛けて、カーテンも新しくしたそうです。

さらに、昼休みには、午後の調停を待つ人のために、裁判所の廊下に静かな音楽を流したとのことです。

筆者は、調停室に絵が掛けてあるのを見たことはありますが、裁判所の廊下に音楽が流れているのに出会ったことはありません。

家裁を「愛の裁判所」にしたいという嘉子の想いは、尽きることはなかったのです。

嘉子の仕事への熱意については、嘉子の上司だった内藤頼博が、「三淵さんの少年部における活躍は目ざましかった。少年審判という制度も、三淵さんによって命を吹き込まれた。多くの人が、三淵さんによって少年非行に対する目を開かれた」と書いています。

家庭裁判所で５０００人以上の少年少女と向き合った嘉子は、施設で処遇を受けている少年たちのところに肉を買って持って行ったこともあったそうです。おなかいっぱい肉を食べさせてあげたいという配慮であり、少年たちへの深い愛情がなければできないことでした。

第９章

退官、その後

——幸せな老後と最期の別れ

えんじのベレー帽姿で家庭裁判所を去る

地方裁判所と家庭裁判所の裁判官は65歳が定年（停年）です。

昭和54年の11月、嘉子はこの定年となりました。浦和家庭裁判所長から横浜家庭裁判所長になって、1年10か月後のことでした。

嘉子の定年退職の日、調停委員や地域の有志など、たくさんの人が別れの挨拶にやって来たといいます。送別会にも多くの人が集まり盛大に行われました。

古参の職員は、「こんなに大勢の方が所長のお別れを惜しむのは、初めてです。すべてが記録的です」と語りました。

嘉子の熱心な仕事ぶりといかに人徳があったかが、如実に表れています。学生時代から退官まで、嘉子の周りには人が集まり続けたのでした。

嘉子は退官の日の午前中まで、普段と変わらず裁判官としての仕事を務めました。

すべての仕事を終えると、青空の下、裁判所の職員たちと記念撮影を行いました。そのときの彼女は、えんじのベレー帽に紺のスーツ。
たくさんの人たちが、玄関で嘉子を見送りました。嘉子は目にいっぱい涙を浮かべて、乗用車の座席から、見送りの人たちに手を振り続けました。

見送りの人影が小さくなり、やがて見えなくなったとき、嘉子は深々と座席にもたれ、どんなことを思ったでしょうか。
父の助言で法律家を目指してからずっと、嘉子は闘い、働き続けてきました。これまでを思い、感慨にふけったのかもしれません。

「退官後のことについては、在官中はなにひとつ考えなかったし、また考えられなかったというのが本当のことです。在官中は仕事に専念すべきであると信じて、ひたむきに仕事に邁進してきました」(嘉子の日記より)
通常、裁判官を辞めてその後弁護士になる場合、辞める前に所属弁護士事務所を決めておくことが多いです。

しかし嘉子は、定年後のこうした準備を一切せず、定年の最後の日まで裁判官として全力で働きました。

唯一決まっていたのは、退官記念に夫・乾太郎とオーストラリアを旅行すること。「この旅行をひとつのケジメにして、帰国後の生き方を決めていこうと思う」と嘉子は日記に書いています。

退官後も日本に貢献

退官後の身の振り方はまったくの白紙でしたが、嘉子を周囲は放っておきませんでした。

方々から声がかかり、嘉子はいくつかの公職を持って、在官時同様、忙しく活動していくことになります。

第９章

退官、その後——幸せな老後と最期の別れ

昭和55年、「日中友好法律家の会」の
「日中婦人法律家訪中代表団」で中国を視察した際の写真。

野に下って1か月後の昭和54年12月から、労働省の男女平等問題専門家会議の座長に就任。この会議で嘉子がまとめた「雇用における男女平等の判断基準の考え方について」と題する報告は、その後制定される「男女雇用機会均等法」に生きることになります。

ほかにも、昭和54年6月には「日本婦人法律家協会」の会長、昭和55年1月には東京家庭裁判所の調停委員と参与員、同年5月には「東京少年友の会」の常任理事、さらに昭和56年10月「社団法人農山漁家生活改善研究会」理事、昭和57年8月に東京都の人事委員会委員、昭和58年7月には労働省の「婦人少年問題審議会」委員などを歴任。加えて昭和55年には、第二東京弁護会に弁護士として再登録もしています。

前夫・芳夫への想い

退官後、嘉子は先に退官していた乾太郎と海外や国内に旅行をして、充実したリタイヤライフを送りました。

その一方で、退官後の嘉子の日記には、前夫・芳夫についても記しています。

そのひとつは、戦争が始まり、嘉子同様に夫が召集された友人と一緒に、夫の名前を亀の甲羅に書いて放ったおまじないにまつわる出来事です。

亀を放ってから37年後の昭和56年3月23日の嘉子の日記です。

「裁判所の午後の調停に出勤する途中、日比谷の鶴の噴水のある池の端をブラブラ歩いていると、60歳を過ぎた男の人が私に話しかけてきた。

『あの亀は生きた亀ですか?』と。

池の水際に亀が首を伸ばして、不動の姿勢でいる。反対側にも動かぬ亀がいる。いずれも相当、年を経た亀のようだ。

『生きていると思います。そういえば戦争中、徴兵逃れに亀の甲にその人の名を書いて、この池に放すといいということで、私も友人と一緒にここに来たことがあります』

私は平野露子さんと一緒におまじないをしに来たことを思い出して、老人に思わずそんなことを話してしまった。

『そうですか。あまりにも動かないものだから、生きているのかしらと思って』。その人は『失礼しました』とあいさつをして歩いて行ってしまった。

あまりにも品格のある亀の姿に、私は戦時中に願をかけて放った亀が、30年余りもここにすみついていたに違いないような気がしていた」

今は亡き前夫にも、嘉子は変わらぬ思いを抱いていたようです。


日記には旅行や日常のできごと、若いころの思い出、老いて体調を崩した現夫への心配などのほか、見た映画の感想などが書かれていますが、そこでも嘉子は前夫の芳夫に思いを馳せています。

『飛鳥へ、そしてまだ見ぬ子へ』と題した映画を見た日の日記です。

悪性腫瘍から肺がんに転移して亡くなってしまう若い医師の手記を映画化したものですが、その主人公が「まだ見ぬ子がもう一人欲しい」と言う主人公の医者の台詞で、嘉子は亡き前夫を思い出しています。

「私は前夫の芳夫が出征する前に、同じように『まだ見ぬ子がもう一人欲しい』と言い、私も切望したことを思い出した。芳武のために、兄弟をもう一人と願ったことがあった。

しかし、芳夫はいつも他人の世話をして、親切な人柄からか、もう一人の子を私には恵んでくれなかったのかなと、映画を見ながら考えていた。

（芳夫は）私に苦労をかけないようにと心遣いをしているような、運命的な生き方をしたように思う。

やっと日本に上陸しながら、妻子にも会えずに死んでしまったり。もう一人欲しいと願う子も、残さなかったり。いつも人のためを思って生きていた人だ」

この映画を見て嘉子は「近年あんなに泣いたことはなかった。声をかみ殺すこともあったくらい。涙で目が腫れてしまった」と日記に記しています。

嘉子が若いころに密かに思いを寄せ続け、念願かなって結婚したものの、短い結婚生活を送っただけで命を落としてしまった前夫・芳夫と、戦後に長男・芳武を従えて必死に仕事をしていた嘉子を優しく支え続けた現夫・乾太郎。
嘉子は、そのどちらにも深い愛情を注ぎ、感謝していました。

「凶」のおみくじ、そして、がん宣告

昭和58年の正月、柴又帝釈天で嘉子は「凶」のおみくじを引きました。人生初めての出来事だったといいます。

嘉子は自分では全く気がついていませんでしたが、このころすでに、肺の腺がんを原発として、転移性の骨がんが嘉子の体を蝕みはじめていました。

翌月になると、背中や肩が凝って、マッサージをしたり磁気をあてても一向によくなりません。

3月半ばごろから胸骨のあたりに痛みを感じ、無意識に胸に手を当ててかばうようになっていきます。

６月には、激しい痛みに襲われて、国立医療センターに入院。そこでがん細胞が発見され、転移性の骨がんであることが正式に判明します。

実子・芳武は、嘉子に、がんであることを知らせました。

「母とは、以前から話をしていて、万が一のときも病名は隠さずに伝えてほしいと言われていました。

母は私が病名を告げると冷静に受け止め、治療を受けました」

嘉子はがんを知らされたときの想いも日記に綴っています。

「私のママ（ノブ）も、ママのママも脳溢血で亡くなった。私も高血圧だから、死ぬのは脳溢血だと信じていた。自分は恐ろしいがんとは無縁だと信じていた。

それがはずれた失望から、おかしく、口惜しい。

それにしても、おかしかった。自分の独りよがりがこっけいだった。

がんを宣告されたときは、全くへェーという思いだった」

同時期、夫の乾太郎も闘病していました。

乾太郎の三女・麻都は、嘉子の身のまわりの世話もかいがいしく焼きますが、そんな麻都に嘉子はずいぶん甘えたようです。

自分ががんとわかっても「このままでは死ねない。一日でも長く生きたい」と、食欲が落ちているのにあれこれ食べられそうなものを考えて、麻都に「この次、持ってきてね」リクエストする嘉子。

しかし、いざ麻都がそれを持って行っても、希望どおりでないと文句を言うのです。ラーメンを作ってあげれば「病人に食べさせるのになによ、これじゃあ〝素ラーメン〟じゃないの」と、具がのっていないことに文句をつけるくらいは序の口。

御膳そばが食べたいというのでわざわざ麻布十番まで行って買ってきたというのに、嘉子はそばをひとめ見るなり『ああ、これはニセモノのほう。あそこの路地を入って行った奥のほうに、本物の店があるのに』と情けなさそうにため息をついたり……。

気を許した家族の前では我が強い嘉子の性格は、最後まで変わりませんでした。

それでも4月ごろになり、ほとんど何も食べられなくなってしまった嘉子を見て、麻都は思うのです。

「どんな憎まれ口をたたこうと、文句を言おうと、少しでも食べてくれたときのことが、ずいぶん懐かしく思った。

母（嘉子）から見れば、私はできの悪い娘で、心配ばかりかけた親不孝だったけれど、最後にあれだけ好き勝手を言い、甘えてくれたことで、私は満足している」

嘉子は、本当に人に恵まれた良い人生を過ごしました。

芳武が口ずさむ「戦友」

嘉子が病に倒れたという知らせは、法務省・裁判所の仕事仲間をはじめ、女学校時代からの友人たちなど嘉子を慕う人たちに衝撃を与えます。

嘉子を見舞いに病院に来てくれた人に、嘉子が「がんなの」と率直に伝えると、聞いた人のほうがショックを受けてしまったため、それからは「悪性なの」としか伝えないことにしました。

労働省にいた高橋久子がお見舞いに行った際には、嘉子が座長を務める「婦人少年問題審議会」でなかなか意見の一致が見られないことを新聞で知っていた嘉子が案じていたといいます。

「私は若いころ〝(エネルギーの)エネ子さん〟と呼ばれるほど元気者だったの。今まで休みなく働いてきたから、今はよい休養だと思っているの。しばらく休んだら、また元気になって、やるわ」

と言った嘉子でしたが、病状はますます悪化していました。

嘉子は9月にいったん退院しましたが、嘉子と入れ替わるように今度は乾太郎が入院することに。退院した嘉子も自力で歩行することが困難になって車椅子生活になってしまい、結局12月には再入院。

骨がんは鋭い痛みが特徴で、嘉子も年が明けると腰や背中、胸、首と全身の痛みに苦しめられるようになりました。

そして、昭和59年5月28日夕刻、付き添いの家政婦さんから嘉子の危篤を知らされた家族は、急いで国立医療センターに駆け付けます。

乾太郎の次女・奈都と夫が病室に到着したときには、数人の医師と看護師が嘉子に人工呼吸を行っていました。

「義母（嘉子）の体は大きく波打ち、そのありさまは激しい波に打たれて難破する小舟のようだった」と奈都の夫は語っています。奈都は「とても見ていられない」と言い席をはずしてしまいました。

医師は奈都の夫に、もう絶望だと告げ「人工呼吸を止めてよいか」と尋ねました。嘉子の苦しそうな様子は見ているだけでつらかったものの、彼は「息子（実子）の芳武君が来るまで続けてほしい」と要望しました。

まもなく芳武が病室に到着し、最後の対面を終えると、医師は人工呼吸を止めました。そして、嘉子は静かに息を引き取りました。

先ほどの修羅場がまるでうそのように、静かな死に顔だったといいます。69歳でした。


そのとき芳武は突然、嘉子の髪をゆっくりとなでながら、低く小さな声で「ここはお国を何百里……」と「戦友」を歌い出しました。

子どものころ、母の背や母に手を引かれての散歩中に、何度も何度も聞いた「戦友」。「母の戦いは終わったんだ」と思ったとき、ほとんど無意識に歌いはじめたといいます。

嘉子への芳武の尽きない想いをのせたその歌声は、もの悲しく、かすれながら、いつまでも続きました。

最後のお別れ

昭和59年6月23日。三淵嘉子の葬儀と告別式が、東京・青山葬儀所で行われました。

２０００人もの人が参列し、嘉子との別れを惜しみました。

棺の中の嘉子は「真っ白なたくさんの花に埋もれていて、すさまじい闘病の苦しみもなく、安らかに、まるで少女のときの面影さえあって涙があふれました」と、一緒に亀の背中に夫の名を書いておまじないをした、平野露子は語っています。


嘉子の没後、彼女の人生や仕事の功績について、多くの人が嘉子との思い出とともに綴った『追想のひと三淵嘉子』という追悼文集が刊行されました。

ここには親族、学友、仕事仲間、退官後の公務等で嘉子に関わり、嘉子に惹きつけられた人たちが数多くの原稿を寄せています。


夫・乾太郎は嘉子が亡くなった翌年、彼女の後を追うように亡くなりました。

女性裁判官のトップランナーとして走り続けた嘉子の足跡は、これからも色あせることなく残り続けることでしょう。

おわりに

弁護士白書によれば、女性法曹の２０２１年での割合は、裁判官27・２％（男女総数２７９７人）、検事26・０％（男女総数１９６７人）、弁護士19・３％（男女総数４万３２０６人）とのことです。女性の割合は十分ではないものの、着実に増えてきました。

嘉子たちが法曹を目指した戦前には、女性には選挙権もなく、裁判官や検事などの公務員にもなれなかったことを思えば、かなりの進歩です。

しかし、この進歩は、何の努力もなく得られたものではありません。

草分けの存在でもある、嘉子、中田正子、久米愛の３人の女性法曹と、それに続く女性法曹が、道を切り開いてくれたのです。特に、司法科試験に女性で初めて合格した、三淵・中田・久米は、女性の権利について、さまざまなところで講演するなど、啓発活動を行ってきました。

また、そこに続く道を敷いてくれた男性たちも、忘れてはなりません。東京帝国大学法学部の民法の教授・穂積重遠をはじめとする男性たちの熱心な努力のおかげで、「明治大学女子部」ができ、女性が法律を学ぶための道が開かれたのです。

嘉子にとっては、父・貞雄の存在も大きかったと思います。海外勤務もある貞雄が嘉子に明治大学女子部への進学を勧めたことが、嘉子にとっての転機だったことでしょう。

私自身、父の勧めで法曹を目指しました。熊本市にいて、中学生だったころのことです。

当時、薬局を経営していた父は、ラジオで、熊本では女性初という弁護士さんが、交通事故相談をしていたのを聞きました。そして、「弁護士はいいぞ」と勧めてきたのです。

それが、私が弁護士を目指したきっかけであり、先輩弁護士や父の影響の大きさを感じます。

嘉子は、少女時代こそ裕福な家庭で不自由なく育ちましたが、第二次世界大戦中には幼子を抱えて疎開したり、終戦前後には実弟の戦死、夫の病死、実母と実父の病死など、さまざまな苦労もしています。

しかしどんなことが起きても、弟や幼い子との生活を支えながら、懸命に走り続けました。

このバイタリティは、嘉子の生来のものもあったでしょうが、つらかった戦争時代を耐えてくぐり抜けた人が持つ強さの面もあったと思います。

戦後、日本が奇跡的な経済復興を遂げたのも、戦争時代を経験した人たちの頑張りによるものが大きいのではないでしょうか。

嘉子は、職員たちにもいろいろな気配りができ、周囲の人からとても慕われる裁判所長でした。また、家庭裁判所に送られてきた少年・少女たちへも愛情を注ぎ、気配りをしていました。日頃から注目され、一挙手一投足が見られる存在だったということもありますが、嘉子が単に自意識が強いだけでなく、自己規律もできる女性だったということを示しています。

男性にとっても女性にとっても、仕事と家族と自分自身のために時間やエネルギーをどう使っていくかという問題は、その人の環境や人生観、人間関係に左右されます。幼い息子を弟夫婦に預けてアメリカへ行ったり、再婚した夫と別々で暮らしたりと、家族との時間は少なかったかもしれません。

人間に与えられている時間は限られており、すべてのことを100%できるということはありません。また、完全な存在でもありません。

しかし、実力を発揮できる仕事があり、それに熱意を注ぎ続けられたことは、嘉子にとって、実りある人生であったことでしょう。そしてそれが、社会的にも大きな貢献となったのです。

2024年　早春

佐賀千惠美

三淵嘉子　略年譜

大正3年11月13日	シンガポールで生まれる
大正5年	父渡米のため四国丸亀に移る
大正9年	父帰国。東京渋谷区に住む。渋谷区穏田の早蕨幼稚園に入園
大正10年4月	青山師範学校附属小学校に入学
昭和2年4月	東京女子高等師範学校附属高等女学校入学
昭和4年	麻布区笄町15（笄小学校前）に移転
昭和7年4月	明治大学専門部女子部法科入学
昭和10年3月	明治大学専門部女子部法科卒業
昭和13年3月	明治大学法学部卒業
11月	高等試験司法科試験合格

昭和15年7月　明治大学専門部女子部法科助手
12月　第二東京弁護士会に弁護士登録
昭和16年11月5日　和田芳夫と結婚
昭和18年1月1日　息子・芳武誕生
昭和19年2月　強制疎開のため高樹町に移転
8月　明治女子専門学校助教授
昭和20年1月　夫・芳夫出征
3月　福島県に疎開
昭和21年5月23日　夫・芳夫長崎にて戦病死
11月　明治女子専門学校教授
昭和22年1月19日　母・信子死亡
10月28日　父・貞雄死亡

昭和23年1月　最高裁判所事務総局家庭局兼民事局勤務
昭和24年8月　東京地方裁判所判事補
昭和25年5月　アメリカの家庭裁判所制度視察
昭和27年12月　名古屋地方裁判所判事
昭和31年5月　東京地方裁判所判事
8月　三淵乾太郎と再婚。目黒に住む
12月　東京家庭裁判所判事兼東京地方裁判所判事
昭和45年7月　法制審議会少年法部会委員
昭和47年6月　新潟家庭裁判所長
昭和48年11月　浦和家庭裁判所長
昭和53年1月　横浜家庭裁判所長
昭和54年6月　日本婦人法律家協会会長

11月	退官
12月	労働省男女平等問題専門家会議座長
昭和55年 1月	東京家庭裁判所調停委員兼参与員
	第二東京弁護士会に弁護士登録
5月	東京少年友の会常任理事
昭和58年 7月	労働省婦人少年問題審議会委員
昭和59年 5月28日	逝去
	同日付をもって正三位勲二等に叙され瑞宝章を授けられる

【参考文献】
『女性法律家――拡大する新時代の活動分野』(有斐閣選書、1983年)
『追想のひと三淵嘉子』(三淵嘉子さん追想文集刊行会、1985年)
『三淵嘉子・中田正子・久米愛 日本初の女性法律家たち』(日本評論社、2023年)
『三淵嘉子と家庭裁判所』(日本評論社、2023年)

佐賀 千恵美（さが ちえみ）

1952年、熊本県で生まれる。1977年、司法試験に合格。1978年、東京大学法学部を卒業、司法修習生に。1980年、東京地方検察庁の検事に。1981年、同退官。1986年、弁護士登録（京都弁護士会）。1991年、早稲田経営出版より『華やぐ女たち 女性法曹のあけぼの』を出版。1996年、京都弁護士会の副会長に。2001年、京都府労働委員会の会長に。同年、佐賀千恵美法律事務所を開設。2023年、『三淵嘉子・中田正子・久米愛 日本初の女性法律家たち』（日本評論社）が発売に。

人生を羽ばたいた〝トラママ〟

三淵嘉子の生涯

発行日　2024年4月1日　第1刷発行
　　　　2024年6月10日　第2刷発行

著　者　佐賀千恵美

発行者　清田名人
発行所　株式会社内外出版社
　　　　〒110-8578　東京都台東区東上野2-1-11
　　　　電話　03-5830-0368（企画販売局）
　　　　電話　03-5830-0237（編集部）
　　　　https://www.naigai-p.co.jp/

印刷・製本　中央精版印刷株式会社

©Chiemi Saga 2024 Printed in Japan

ISBN978-4-86257-694-1

本書を無断で複写複製（電子化を含む）することは、著作権法上の例外を除き、禁じられています。また本書を代行業者等の第三者に依頼してスキャンやデジタル化することは、たとえ個人や家庭内の利用であっても一切認められておりません。

落丁・乱丁本は、送料小社負担にて、お取り替えいたします。